40 Kurzgeschichten aus Frankreich

Der große Sammelband zum Französischlernen

von
Sandrine Castelot
Samuel Desvoix
Delphine Malik

PONS

40 Kurzgeschichten aus Frankreich

Der große Sammelband zum Französischlernen

von
Sandrine Castelot, Samuel Desvoix und Delphine Malik

Alle Personen und Handlungen sind erfunden. Ähnlichkeiten mit lebenden oder verstorbenen Personen und tatsächlichen Begebenheiten wären rein zufällig.

4. Auflage 2026

Geschichten 1-11: Samuel Desvoix und Delphine Malik
(entnommen aus ISBN 978-3-12-562921-9)
Geschichten 12-14 und 16-22: Sandrine Castelot,
Geschichten 15, 23, 24: Samuel Desvoix und Delphine Malik
(entnommen aus ISBN 978-3-12-562740-6)
Geschichten 25-40: Samuel Desvoix und Delphine Malik
(entnommen aus ISBN 978-3-12-562177-0)

Logoentwurf: Erwin Poell, Heidelberg
Logoüberarbeitung: Sabine Redlin, Ludwigsburg
Titelfotos: Hafen (Shutterstock/Boris Stroujko), Fahrrad (Getty Images/Frank Rampspott), Karamellgläser (Getty Images/Rrrainbow), Leuchtturm (Adobe Stock/robber), Steine (Getty Images/the_burtons), Place des Voges (Shutterstock/unverdorben jr)
Layout: PONS Langenscheidt GmbH Stuttgart
Satz: tebitron gmbh, Gerlingen
Druck: Florjančič tisk d.o.o., Maribor

ISBN: 978-3-12-562490-0

EINIGE WORTE VORAB

Sie lieben Frankreich, lesen gerne Kurzgeschichten und möchten etwas für Ihr Französisch tun?
Dann halten Sie das richtige Buch in der Hand! Mit 40 heiteren bis skurrilen, spannenden, manchmal nachdenklichen, aber niemals langweiligen Kurzgeschichten tauchen Sie ins französische Leben ein und frischen so ganz nebenbei Ihre Sprache auf.

Nicht nur lesen, sondern auch sehen!
Bilder helfen unserem Gehirn ganz hervorragend, Dinge besser zu verstehen und abzuspeichern. Die Bilder in diesem Buch zeigen Schauplätze, Gegenstände und Handlungen, die Sie mitten ins Geschehen versetzen. Durch die Verknüpfung von Text und Bild – direkt an Ort und Stelle – lernen Sie im Handumdrehen neue Wörter. Unbekannte Wörter sind farbig und werden am unteren Ende der Seite in der Vokabelbox oder bei einem Bild übersetzt. Zentrale Textpassagen sind hervorgehoben.

Lassen Sie sich inspirieren
Nach manchen Geschichten finden Sie wunderschön bebilderte Seiten mit weiterführenden Informationen und einem Extra an neuen Wörtern. Erfahren Sie mehr über Land und Leute, besondere Orte und Traditionen.

Bevor es losgeht, lernen Sie auf den nächsten Seiten den Autor und die Autorinnen dieses Buches kennen und eine Karte gibt geben Ihnen eine Übersicht über die Schauplätze der Geschichten.

Viel Lesevergnügen wünscht Ihre PONS-Redaktion!

DER AUTOR UND DIE AUTORINNEN

Sandrine Castelot lebt seit 1994 in Berlin und ist in der französischen wie deutschen Kultur tief verwurzelt. Muttersprachlich Französisch, geboren und teilweise in Deutschland aufgewachsen, lernte sie früh beide Kulturen kennen und schätzen. Sie ist eine erfolgreiche kreative Französisch-Sprachcoachin und begeistert sich für die interkulturelle Vermittlung zwischen Frankreich und Deutschland. Spaß und Freude am Lernen sind Ihr Motto und dieses spiegelt sich auch in ihren Kurzgeschichten wieder.

Samuel Desvoix stammt aus dem Norden Frankreichs. Er ist Buchhändler, Redakteur und Übersetzer für Italienisch und lebt in Paris und dem Morvan.

Delphine Malik wurde in der Bretagne geboren. Nach vielen Umzügen ließ sie sich schließlich für ihr Studium in Paris nieder. Heute lebt sie in der Hauptstadt und dem Morvan. Sie ist Opernsängerin, Gesangslehrerin und Übersetzerin für Englisch.

SCHAUPLÄTZE DER GESCHICHTEN

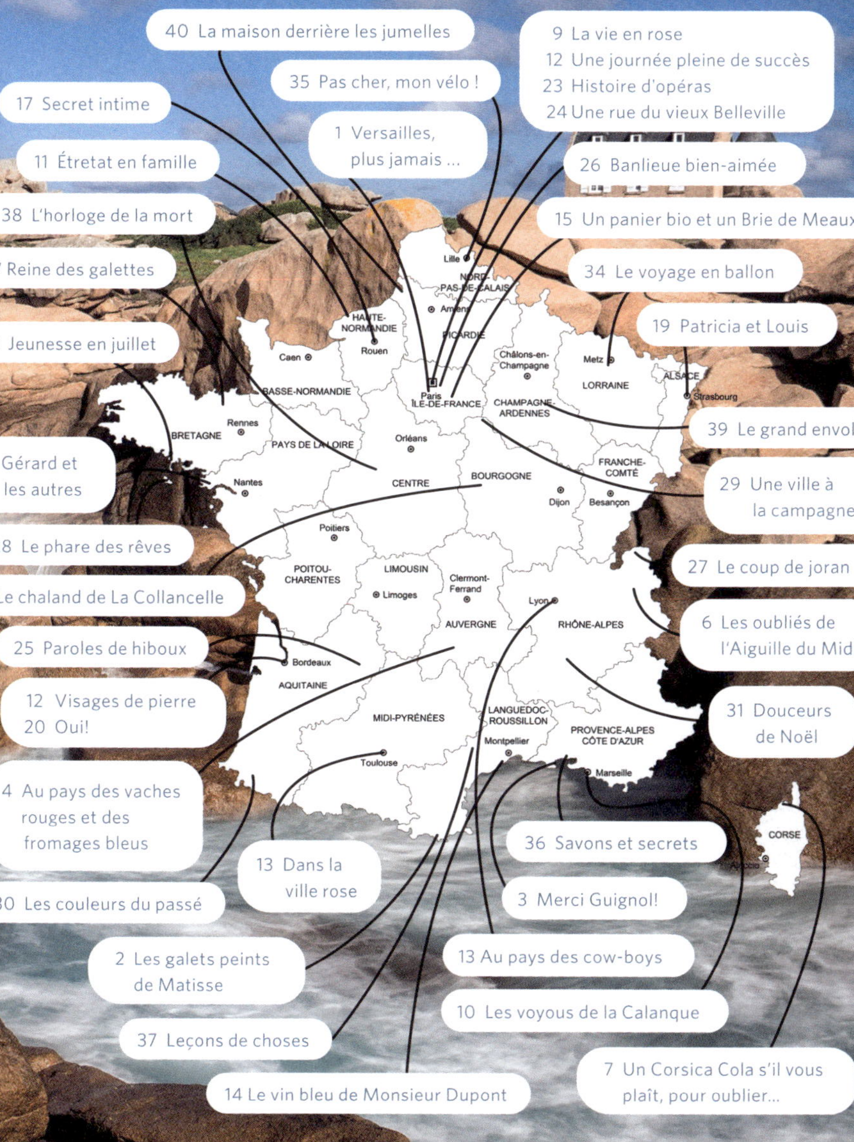

INHALT

1 VERSAILLES, PLUS JAMAIS…

Pourquoi emmener une enfant de sept ans voir *Tous les matins du monde* au cinéma ? Parce qu'elle aime la musique, parce qu'elle fait du **violoncelle** au conservatoire ?

das Cello

der Dirigentenstab

Dans le film, on voit **Jean-Baptiste Lully**, le grand compositeur du roi Louis XIV, diriger un orchestre. Pas comme les chefs d'aujourd'hui qui ont une **baguette** : lui a une sorte de **canne**[1]. Il porte une perruque, c'est du grand théâtre et de la grande musique !

Mais raconter la mort de Lully à cette enfant, ce n'est peut- être pas une bonne idée… C'était celle de mon professeur de violoncelle :

– Imagine, Julie : Lully dirige son Te Deum. Cela ne va pas comme il veut, il n'est pas content du travail de l'orchestre. Alors, il **se met en colère**[2] et avec sa canne il se frappe très fort le pied. Il se **blesse**[3] et il en meurt !

À mes yeux d'enfant, cette histoire était complètement tragique. Aujourd'hui, elle me semble plutôt comique, ou bien disons... tragi-comique ?
Ce qui est sûr, c'est que je ne **supporte**[4] ni la vue du sang, ni les perruques ni la musique baroque !

Je suis professeur des écoles. J'aime beaucoup mon métier et j'aime beaucoup les enfants.
Un matin, la directrice de l'école où je travaille me **convoque**[5] dans son bureau :

- Mademoiselle Arnould, avec votre classe de CM2 vous allez visiter Versailles au mois d'octobre. J'espère que vous êtes contente ! Versailles, les enfants vont adorer...

Les enfants peut-être (ce n'est même pas sûr), mais moi, leur maîtresse ? Versailles, le Roi-Soleil et le reste, **ce n'est pas ma tasse de thé**[6]... Enfin la directrice ne me laisse pas le choix !

La nuit avant la sortie à Versailles, je dors mal... Des images m'**obsèdent**[7] :
Un homme ***frappe***[8] *le sol en rythme avec une lourde canne, on entend de la musique, un orchestre.*
L'homme frappe plus fort, la musique devient plus forte. Rouge de colère, avec sa grande perruque qui bouge autour de sa tête, il fait presque peur.
Puis le bout de sa canne devient tout rouge : du sang ! La musique joue toujours, de plus en plus fort, la perruque tombe et l'homme se met à rire ...

1 **la canne -** der Stock
2 **se mettre en colère -** in Wut geraten
3 **se blesser -** sich verletzen
4 **supporter -** ertragen
5 **convoquer qn -** jmdn. bestellen
6 **ce n'est pas ma tasse de thé -** es ist nicht mein Ding
7 **obséder -** keine Ruhe lassen
8 **frapper -** klopfen

Je me réveille en sursaut[9]; quel drôle de rêve ! J'ai trente-deux ans et je me souviens donc de ce film vu il y a vingt-cinq ans… Je bois un grand verre d'eau et je me recouche.

Le matin du **jour J**[10], mes vingt-huit élèves et moi prenons le RER pour Versailles avec quelques parents qui nous accompagnent. Il fait beau. Au programme de la visite : le château avec la Galerie des Glaces, le parc (pour le pique-nique), la Chapelle Royale et l'Opéra Royal. J'espère que tout va bien se passer, c'est toujours du stress une sortie de classe…

Le château et le parc sont **noirs de monde**[11]. Des classes d'enfants, bien sûr, venues de toute la France. Versailles, c'est un grand classique… Et puis des groupes de touristes, de tous les pays. Quel bruit ! Attention de ne pas perdre un enfant de la classe. Les parents d'élèves m'aident, on compte, on recompte : « vingt-sept… vingt-huit, très bien ! »

Mais pour ces enfants du XXIe siècle, la **Galerie des Glaces** et ses **dorures** sont-elles encore magiques ?

Pas sûr :

- Les histoires de rois et de reines c'est pour les bébés !
- Pourquoi pas le château de la Reine des neiges…
- Disneyland, c'est mieux, je vais y aller avec ma grande sœur !

« Allez les enfants, c'est l'heure du pique-nique ! » On recompte les vingt-huit élèves, ils sont tous là et ont bien faim.

Une petite fille **renverse**[12] du jus de fruit sur ses vêtements. Pendant une seconde, je panique : ce n'est pas du jus de fruit que je vois, c'est du sang ! J'essaye de penser à autre chose, de bien **respirer**[13] : je me calme.

L'après-midi, nous allons visiter la Chapelle Royale. Quand nous entrons, on joue de la musique, c'est de l'orgue. Cette musique baroque, quelle horreur… Elle me donne la **chair de poule**[14] et j'ai du mal à respirer. Je m'assois, je ferme les yeux, courage ! Heureusement, personne ne remarque ma nervosité, ni les élèves, ni les parents…

9 **se réveiller en sursaut** – aus dem Schlaf hochschrecken
10 **le jour J** – der Tag X
11 **noir(e) de monde** – voll
12 **renverser qc** – etw. verschütten
13 **respirer** – atmen
14 **la chair de poule** – die Gänsehaut

le jardin baroque

der Barockgarten

In der **Opéra Royal** finden heute noch Konzerte statt. Sie stammt aus dem 18. Jh. und befindet sich – ziemlich unscheinbar – in einem Flügel des Versailler Schlosses.

le lustre

der Kronleuchter

Sie wurde erst später, anlässlich der Hochzeit von Ludwig XVI. mit Marie Antoinette, erbaut.

Zur Eröffnung wurde **Jean-Baptiste Lullys** Werk **Persée** aufgeführt.

Pour terminer la journée, nous allons visiter **l'Opéra Royal**. Je me sens fatiguée. Courage, c'est le dernier **effort**[15] de la journée, après on rentre !
J'explique aux enfants l'histoire du lieu : « Cet opéra n'est pas de l'époque du Roi-Soleil mais de celle de Louis XV. L'inauguration date de 1770 ». Visiter l'Opéra Royal… c'était une idée de la directrice, pas la mienne bien sûr !

Nous allons sur la **scène**[16], cela amuse beaucoup les enfants. Ils commencent à chanter des airs de leurs **dessins animés**[17] préférés.
– *Oh try everything…*
– Les enfants, ça suffit !

Sur scène, il y a beaucoup de choses : des décors, des meubles, des accessoires …
Soudain, dans les coulisses, je vois une silhouette qui s'avance avec une perruque sur la tête. Lully, c'est lui !

- Mademoiselle Arnoult, qu'y a-t-il ? Vous êtes toute **pâle**[18] ! Vous ne vous sentez pas bien ? Vous voulez que j'appelle un médecin ?
- Je vous remercie, Madame Dumont. Je vais m'asseoir quelques minutes et je suis sûre que ça va aller mieux. Je suis très fatiguée en ce moment, je dors mal… Excusez-moi !
- Il n'y a pas de quoi. Allez, reposez-vous un peu !
- Je suis désolée, ce n'est pas le moment alors qu'il y a tous les enfants…
- Les enfants sont sages, ne vous inquiétez pas !

Dans la salle, quelques **machinistes**[19] discutent :
- Mais qu'est-ce qu'elle a la petite dame là-bas, elle est toute blanche, tu crois qu'elle va **tomber dans les pommes**[20] ?
- Non, elle a l'air d'aller mieux, une autre dame l'aide.
- Tant mieux ! Et dis-donc Maurice, n'est-ce pas qu'elle me va bien cette perruque ? C'est pour le prochain spectacle, en costumes d'époque.
- Ils en avaient de ces **choucroutes**[21] sur la tête, les pauvres ! Et puis on doit mourir de chaud là-dessous…

15 **l'effort** (m.) - die Anstrengung
16 **la scène** - (hier:) die Bühne
17 **le dessin animé** - der Zeichentrick
18 **pâle** - blass, bleich
19 **le machiniste** - der Bühnentechniker
20 **tomber dans les pommes** (umg.) - in Ohnmacht fallen
21 **la choucroute** - das Sauerkraut, (hier:) die Sauerkraut-Frisur

2 LES GALETS PEINTS DE MATISSE

le volet — der Fensterladen

Matisse dort.
Collioure, Hôtel de la Gare, il est 5 heures du matin.
La **femme de chambre**[1] traverse la chambre **sur la pointe des pieds**[2].

Sous le lit il y a 40 cm de **galets**... Une vraie plage ! Des galets plats, tous très beaux. C'est elle qui les a choisis, pour lui. Chaque jour elle en apporte de nouveaux, la nuit. Pourquoi elle les cache là si les galets sont pour lui ? Pourquoi elle ne lui dit rien ?

Matisse sait d'où viennent les galets qui arrivent chaque nuit sous son lit mais il ne dit rien : ça l'amuse. Quand Margot entre dans sa chambre, il se réveille. Il ouvre juste un œil mais ne bouge pas. Amélie est à Paris avec les enfants et il **peint**[3] seul tout le jour. Quand il ne peint pas, il marche avec son ami Derain sur la Promenade. Les visites matinales de Margot sont des moments agréables, hors du temps. Matisse sait qu'il peut dormir encore, la présence de cette femme dans sa chambre le **rassure**[4]. On entend à peine les pas de Margot sur le tapis : Matisse l'imagine pieds nus sur le sable. Il se rendort.

le galet — der Stein

Depuis un mois, Margot nettoie les **pinceaux** de Matisse tous les matins, elle va chez le droguiste lui acheter ses **tubes de couleurs** une fois par semaine. C'est elle qui va chercher ses **toiles** chez Derain, de grandes toiles qu'elle doit monter jusque sa chambre et qu'elle pose devant la fenêtre. La chambre est toujours en ordre… Pas comme l'atelier de Derain, quelques rues plus bas.

Elle le regarde peindre quand elle passe derrière lui pour faire la chambre. La fenêtre est toujours ouverte, les **volets** laissent passer des rayons de lumière. C'est le début de l'été, la lumière est très forte ici.

Chaque fois qu'elle entre dans la chambre 311, Margot pense à son poète préféré Baudelaire et aux deux mêmes vers de L'Invitation au voyage, qu'elle aime vraiment beaucoup :

« **Là, tout n'est qu'ordre et beauté, luxe, calme et volupté**[5]. »

1 **la femme de chambre –** das Zimmermädchen

2 **sur la pointe des pieds –** auf Zehenspitzen

3 **peindre –** malen

4 **rassurer –** beruhigen

5 **Là, tout n'est qu'ordre et beauté, luxe, calme et volupté. –** Dort herrscht Ordnung nur und Schönheit, Luxus, Stille und Wollust.

le pinceau

der Pinsel

le tube de couleur

die Farbtube

la toile

die Leinwand

le caillou

der Kieselstein

Matisse entend ces vers entrer avec Margot dans la pièce, et ça lui plaît, ça lui fait du bien.

Margot habite à Platja Grifeu, juste de l'autre côté de la **frontière**[6]. Elle vit en Espagne depuis la naissance de sa fille. Pour venir à l'hôtel elle doit partir très tôt. Elle fait la route tous les jours et s'arrête chaque fois à la Plage de la Balette. À cette saison (nous sommes à la fin du mois de juin), entre 4h50 et 5h10, le jour commence juste à se lever.

À 4h50, la **Plage de la Balette** est déserte. C'est très beau ! Là elle **remplit**[7] ses poches de **cailloux**... elle fait cela très vite, frénétiquement.

Sollten Sie einmal in **Collioure** sein, können Sie auf den Spuren von **Picasso oder Matisse** wandeln. Gehen Sie in das Restaurant **Hôtel des Templiers**. Dort sollen die Künstler ihrerzeit oft mit Bildern bezahlt haben.

le rocher

der Felsen

Der **Strand von Balette** liegt in der Bucht von Collioure. Dort findet man auch die Wehrkirche **Notre-Dames-des-Anges**. Finden Sie, dass sie wie ein Leuchtturm aussieht? Sie liegen richtig! Früher wurde der Turm für diese Zwecke genutzt.

Et elle les **vide**[8] un peu plus tard, sans faire de bruit, sous le lit de la chambre 311.

Quand Matisse sort pour retrouver Derain sur la Promenade, Margot entre vite dans sa chambre. Elle a besoin de voir ses galets, de les toucher. Elle les **caresse**[9], les change de place, les retourne dans ses mains. Puis elle en choisit quelques uns qu'elle emporte avec elle.

Le lendemain, ce sont d'autres galets que Margot apporte de la Balette. D'autres galets qu'elle choisit ensuite et emporte avec elle lorsqu'elle se retrouve seule dans la chambre de Matisse.

Matisse sait tout cela : ce jeu l'amuse de plus en plus.
Il aime bien Margot. Il aime ses excentricités pleines de **tendresse**[10].

Même s'il sent que Margot est **hantée**[11] par quelque démon, il sent aussi que son rituel est léger et joyeux !

Il voit bien qu'elle cherche quelque chose, infatigablement, jour et nuit, et c'est pour cela qu'il l'admire.

6 **la frontière -** die Grenze
7 **remplir -** füllen
8 **vider -** leeren
9 **caresser -** streicheln
10 **la tendresse -** die Zärtlichkeit
11 **hanté(e) -** verfolgt

En cet été 1905, Matisse peint des maisons roses aux volets bleus, des **toits** orangés et des montagnes rosées sur un fond bleu de mer et de ciel.

Derain, des murs verts, des bateaux rouges, des arbres bleus et des **voiles**[12] jaunes avec des couleurs juste sorties de leur tube !

Tous les deux vident des tubes qu'ils laissent sur le sol et que Margot **ramasse**[13]. Mais aucun des deux ne sait ce que Margot fait avec ces tubes… Matisse parfois cherche un pinceau… qu'il retrouve trois jours plus tard.

Chez elle, à Platja Grifeu, Margot peint. Elle peint le soir avec les restes de tubes de Derain et les vieux pinceaux de Matisse. Elle peint des galets. Des galets rouges, des galets orange, des galets jaunes… Des centaines de galets en couleur qu'elle va **déposer**[14] avec sa fille sur la plage.

Parfois la mer les emporte, mais parfois aussi la mer lui en rapporte, qu'elle reconnaît. Margot chaque jour en choisit d'autres, qu'elle va **rendre**[15] le lendemain à la mer. Peut-être sur une autre plage.

Elle dépose ainsi ses couleurs fauves tout le long de la côte catalane. De plus en plus de couleurs dans de plus en plus d'endroits. Peu de gens voient cela… Pour ceux qui le voient, c'est quelque chose d'extraordinaire ! Ce n'est pas seulement beau pour les yeux !

Margot ne choisit jamais ses endroits **au hasard**[16]. Elle cherche, sa fille l'aide. On ne sait pas ce qu'elles se racontent, on ne les entend jamais se parler.

Personne ne semble voir **l'œuvre**[17] de Margot. Chacun vit sa vie sans voir celle de Margot. Pour qui elle fait cela, la Margot ? La Margot elle vit comme ça. Elle s'exprime avec des couleurs. Elle est née **muette**[18].

À la fin de l'été, Matisse rentre à Paris retrouver Amélie. Margot quitte Collioure elle aussi… Elle emporte avec elle les mots de Matisse **murmurés**[19] à son oreille.

12 **la voile** - das Segel
13 **ramasser** - aufheben, sammeln
14 **déposer** - legen
15 **rendre** - zurückgeben
16 **au hasard** - zufällig
17 **l'œuvre** (f.) - das Kunstwerk
18 **muet(te)** - stumm
19 **murmuré(e)** - geflüstert

- Guignol, fais attention, le gendarme est derrière toi !
- Ton ami Gnafron va t'aider, courage Guignol !
- Regarde Madelon, oh, qu'elle est belle avec ses grands yeux...
- Gui-gnol ! Gui-gnol !

Le spectacle de marionnettes a l'air de **passionner**[1] les enfants. Des tout petits aux plus grands, ici dans le public tout le monde rit et réagit. Même les adultes sourient de bon cœur. Peut-être que Guignol fait partie de leurs souvenirs d'enfance. Ou bien ils sont juste heureux pour leurs enfants, pour leurs petits-enfants...

graumeliert

Nicole remarque un jeune grand-père à côté d'elle. Il doit avoir la petite **soixantaine**. Bien habillé, les cheveux **poivre et sel**, avec des lunettes à la mode. Il tient la main d'une poupée blonde qui doit être sa petite-fille. Nicole, elle, accompagne Rose, la fille de son fils. Elle s'en occupe souvent pendant les vacances.

la soixantaine

um die 60 Jahre

Rose applaudit tellement fort que le **foulard**[2] de Nicole tombe par terre. Parfait ! Son voisin le ramasse et le lui donne avec un grand sourire :

- Tenez madame, votre foulard. J'espère qu'il n'est pas sale, il est très beau...
- Merci ! C'est de la **soie sauvage**[3], il vient du Népal. Un cadeau de mon fils...

« De mon papa ! » ajoute Rose qui a toujours son mot à dire.

Merci Guignol, merci le foulard ! **La glace est rompue**[4]. On se présente :

- Moi c'est Nicole et là, c'est ma petite fille Rose.
- Je m'appelle Rose et j'ai sept ans !
- Enchanté ! Moi c'est Claude. Je suis là pour m'occuper d'Inès, ma petite-fille. Elle a sept ans comme toi, Rose ! Sinon, j'habite Grenoble.
- Bienvenue à Lyon, j'espère que la ville vous plaît.

Le spectacle se termine, chacun part de son côté, on se fait un petit signe de la main et un sourire : au revoir !

Mais **le hasard fait bien les choses**.[5] Nicole et Claude, Rose et Inès se retrouvent le lendemain matin au Musée des Marionnettes du Monde. C'est un vrai festival : Guignol et son **équipe**[6], Gnafron, Madelon, le gendarme, et puis des marionnettes d'Italie, de Java, du monde entier !

1 **passionner** – leidenschaftlich interessieren
2 **le foulard** – der Schal
3 **la soie sauvage** – die Wildseide
4 **La glace est rompue.** – Das Eis ist gebrochen.
5 **Le hasard fait bien les choses.** – (hier:) Wie es der Zufall will …
6 **l'équipe** (f.) – die Mannschaft

Lyon liegt im Südosten Frankreichs und ist nach Paris und Marseille die drittgrößte Stadt des Landes.

la cheminée – der Schornstein

La Croix-Rousse ist ein Hügel mitten in Lyon und bezeichnet auch das gleichnamige Viertel mit vielen verwinkelten und steilen Gassen.

la pente – die Steigung

l'escalier (m.) – die Treppe

Canuts wurden die **Seidenweber** genannt, die sich zu Beginn des 19. Jahrhunderts im Viertel **Croix-Rousse** niederließen. Hier findet man Häuser mit sehr hohen Decken, die notwendig waren, um die hölzernen Webstühle unterzubringen. Gut ein Fünftel der Bevölkerung war damals in der Seidenweberei tätig. Sie arbeiteten für die Adeligen der Stadt, lebten selbst aber oft am Existenzminimum.

Pourquoi ne pas continuer la journée ensemble ? Nicole qui est lyonnaise propose des idées, et Rose **rajoute son grain de sel**[7], du haut de ses sept ans…

Lyon est une ville de montées, d'escaliers et de **pentes**. Claude découvre le **funiculaire**. Ça lui rappelle son voyage au Chili, à Valparaiso, c'était il y a bien longtemps avec son ex-femme…

- Ici les funiculaires, on les appelle les « **ficelles** », c'est joli comme nom, n'est-ce pas ?

die Seilbahn

die Schnur

la ficelle

Dans le quartier de la Croix-Rousse, on est au pays du **tissu**[8]. Nicole raconte :

- Mon mari était dans le commerce des tissus, c'est un univers que je connais bien !
- Et mon papi, il est mort.
- Oui, c'était il y a longtemps Rose, avant ta naissance. Tu ne peux pas te souvenir de lui…

On visite un ancien atelier de **Canuts**[9]. très haut de **plafond**[10] : pensez que les machines étaient hautes de quatre mètres ! C'est un vrai voyage dans le temps. On peut aussi acheter un foulard de soie, choisir sa couleur, son motif. Chaque fleur a son symbole…

7 **rajouter son grain de sel** (umg.) – sich einmischen
8 **le tissu** – der Stoff
9 **le Canut** – der Arbeiter in einer Seidenfabrik
10 **le plafond** – die Decke

Mais le programme des adultes, c'est fatigant pour les deux petites filles.

- J'ai mal aux jambes...
- J'ai soif...
- Et puis on a faim !
- On va vous acheter un goûter.
- Oui, des **bugnes** !
- Qu'est-ce que c'est ?
- Des **beignets** typiques de **Mardi gras**[11]. Rose adore... et moi aussi !

der Krapfen

Nicole parle encore à Claude de tout ce qu'elle aime dans sa ville : le Théâtre antique, le festival des Nuits de Fourvière et ses spectacles de théâtre, de musique, la basilique Notre-Dame de Fourvière, puis en bas le Vieux Lyon et la Saône. Sans oublier les traboules, ces passages d'une rue à l'autre à travers les **cours d'immeuble**[12] et qui font de Lyon une vraie **souricière**[13] ...

S'occuper de deux petites filles de sept ans, c'est assez fatigant mais c'est joyeux ! Rose et Inès ont l'air de bien s'entendre... Et puis c'est l'occasion de belles crises **de rire** entre Nicole et Claude quand ils doivent **faire les gros yeux**[14] pour se faire obéir.

der Lachkrampf

- Nicole, vous... peut-être qu'on peut se dire « tu » ?
- Oui, bien sûr, c'est plus simple...
- Tu es une super grand-mère, dis-donc !
- Et toi un grand-père vraiment chouette !
- Elles en ont de la chance, nos petites-filles...

Les deux adultes **se font un clin d'œil**[15], c'est bon de partager des moments. On se sent parfois tellement seul, même avec des enfants...

Quelques jours plus tard, Nicole et Claude se donnent rendez-vous (sans Rose ni Inès) pour dîner ensemble. Les voilà face à face à la même table d'un **bouchon**[16] que Nicole connaît bien. Claude lui parle de sa ville, Grenoble, de la montée de la Bastille. On peut la faire en **téléphérique**[17] ou bien à pied, si on a le courage et de bonnes chaussures. C'est une très belle promenade ! Nicole est invitée, quand elle veut, si elle veut...

11 **Mardi Gras** – Faschingsdienstag
12 **la cour d'immeuble** – der Innenhof eines Wohnhauses
13 **la souricière** – der Mäusebau
14 **faire les gros yeux** – böse dreinschauen
15 **se faire un clin d'œil** – zwinkern
16 **le bouchon** (reg.) – (hier:) das Lyoner Restaurant
17 **le téléphérique** – die Seilbahn

Die **Bouchons** servieren typische Lyoner Gerichte, wie zum Beispiel Würste oder Pasteten. Die Speisen sind sehr reichhaltig und nichts für Kalorienbewusste.

4 AU PAYS DES VACHES ROUGES ET DES FROMAGES BLEUS

- Et celle-là ?
- Elle n'est plus toute jeune ! Tu sais quel âge elle a ?
- Moi, je trouve qu'elle a l'air plutôt **en forme**[1] !
- Eh bien c'est la plus vieille de toutes...
- Elle est belle, avec ses **bouclettes**[2] !
- Elle est très résistante. La nuit **ça rigole pas**[3]... c'est qu'il peut faire **sacrément**[4] froid ici l'été !
- Tu veux dire l'hiver ?
- Non, l'hiver je les descends dans la vallée.
- Et elle s'appelle comment ?
- Bérangère.
- Pourquoi elle te **suit**[5] partout ?
- Demande-lui ! Je crois qu'elle m'aime bien...
- Ça fait longtemps que tu travailles là ?
- Oh, ça fait très longtemps... depuis toujours, tu vois ! C'est difficile à imaginer, je sais ! En fait je suis né ici... J'habite ici depuis toujours. Je ne sais pas si je travaille, je ne crois pas, c'est quoi travailler ? Je m'occupe d'elles, c'est tout... Je vis avec elles. Et ça dure depuis toujours aussi ! Dans cette vallée. Je ne connais rien d'autre... Peut-être qu'un jour je vais partir, je ne sais pas.

Là le petit **n'en revient[6] pas**... À quatre heures de Paris, au XXIe siècle... le vieux vit seul, dans la montagne, avec ses vaches. Des vaches rouge carmin avec des longues **cornes** fines. L'été il monte à **l'estive[7]** avec son **troupeau[8]** et un sac à dos.

Mais qu'est-ce qu'il fait là, le petit ? À 1300 mètres d'altitude, dans les Monts du Cantal, au cœur du Parc naturel régional des volcans d'Auvergne ? Ils sont où ses parents ?

Bérangère le regarde.

la corne

das Horn

Le petit n'a pas peur, ça lui plaît qu'elle le regarde comme ça. Ce soir, il va rester avec le vieux. Il a plein de questions à lui poser. Il n'est pas du tout fatigué !

- Tu as vu un peu ce bleu !
- C'est trop incroyable ! Comment c'est possible... du fromage bleu avec des vaches rouges !

1 **en forme** – fit
2 **les bouclettes** (f.) – die Locken
3 **ça rigole pas** (umg.) – das ist nicht zum Lachen
4 **sacrément** (umg.) – extrem
5 **suivre** – folgen
6 **ne pas en revenir** – es nicht glauben können
7 **l'estive** (f.) – die Sennerei
8 **le troupeau** – die Herde

Après la **traite**, le lait descend en **4x4**[9] à la ferme, et c'est parti ! Le travail commence… Le vieux, lui, reste là-haut. Il sait exactement ce qu'ils vont faire. C'est tout un art de faire le fromage. Quand il n'est pas à l'estive, il est avec eux, en bas, et il observe. Cela fait plus de soixante-dix ans qu'il les regarde faire. Le lait de Bérangère c'est un peu son lait. Enfin, c'est ce qu'il dit… Le vieux il est un peu **barjo**[10], il dit même qu'il est capable de reconnaître les **fourmes** de Bérangère !

französische Käsesorte

Cette nuit, le petit n'est pas prêt de fermer l'œil. Le **loup rôde** autour du troupeau.

Enfin il a l'impression…
Le vieux, il doit avoir quelque chose dans le nez, on l'entend jusque dans la vallée.

Le loup, lui, doit rôder du côté de la **bergerie**, en tout cas il n'a pas l'air d'inquiéter les vaches du vieux.

Le petit lit un livre pour **éloigner**[11] le loup et ne pas penser qu'il a peur. D'ailleurs, ce n'est plus le loup qui lui fait peur, derrière lui il commence à entendre tous les bruits de la nuit. Le vent souffle dans les sapins, le bois craque.

Pour reconnaître les fourmes de Bérangère, comment il fait le vieux ?

Il y a une bête, là, juste derrière. Peut-être qu'elle est sous les feuilles. Le petit ne bouge pas. Il a froid. Il pense à son lit. Et il pense au loup. Il pense à toutes les histoires de loups que sa mère lui raconte. Il a mal au ventre, le petit... très mal au ventre.

Le vieux crie dans son sommeil. Il fait des grands mouvements avec les bras. Le petit se rassure, il pense que c'est le loup qui doit avoir peur ! Il imagine le loup...
Au loin le petit entend un bébé qui pleure. Ce n'est pas possible, il doit rêver. Le bruit **se rapproche**[12]. Il ne rêve pas, il entend bien un bébé... et un bruit de **ferraille**[13]. C'est un bruit régulier, qui **grince**[14].

Il l'entend de plus en plus fort. Le bruit se rapproche encore.

Le petit attend. Il n'a pas peur. Il ne se demande pas pourquoi il y a tout ce fer grinçant qui vient vers eux, à cette heure-là, et avec un bébé. Ni pourquoi le bébé pleure...
Il fait trop noir pour voir.

9 **le 4x4 (gesprochen le quatre quatre)** - der Allradwagen
10 **barjo** (umg.) - total verrückt
11 **éloigner** - fernhalten
12 **se rapprocher** - sich nähern
13 **la ferraille** - das Alteisen, der Schrott
14 **grincer** - quietschen

Soudain le bruit s'arrête. Plus rien. Le bébé s'arrête de pleurer aussi.

Alors le petit s'endort.

Au petit jour, c'est Bérangère qui le réveille. Elle lui **lèche**[15] le visage avec sa grosse langue... beurk! Le petit a une grande couverture sur lui. Il ne l'avait pas hier soir, ça doit être le vieux qui...

Mais il est où, le vieux ?

À côté du petit, il y a un **panier** aussi, avec un **torchon**[16] dessus.

Dans le panier il y a une magnifique **Fourme d'Ambert** et un **Salers**.

Il y a aussi une grosse **miche** de pain... Ça doit être le vieux.

Le vieux, il n'est plus là.
Parti, pendant la nuit
dans la **carriole**[17]
avec le bébé

... et la maman du bébé.

En-dessous des fromages et du pain, il y a un petit mot.
C'est sûrement le vieux, encore lui !

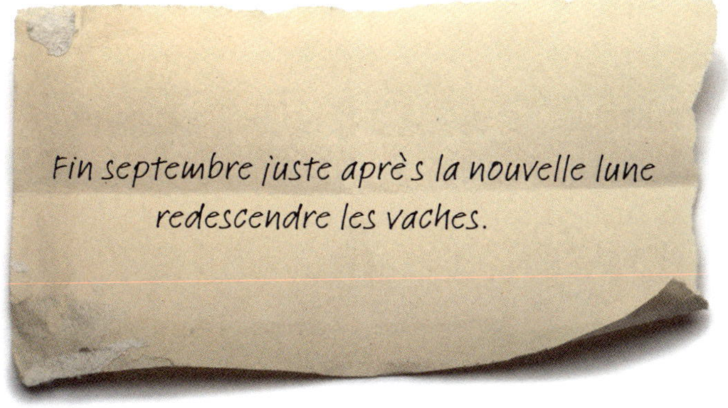

15 **lécher** - lecken, ablecken
16 **le torchon** - das Trockentuch
17 **la carriole** - der Karren, der Pferdeschlitten

5 LE CHALAND DE LA COLLANCELLE

der Zimmermann

le charpentier

das Holz

le bois

De Saint-Nazaire à La Collancelle, c'est que ça monte ! Le moteur de l'Atalante n'est plus tout jeune, **ça ne** va **pas être de la tarte**[1] ! C'est à un long voyage que Michel et Hector se préparent...

Michel est **charpentier**, charpentier de marine. Il a 62 ans. Son vieux copain Hector l'accompagne, leur voyage va durer une semaine.

Leur amitié c'est une longue histoire ! Une histoire de **charpentes**[2]...

Hector aussi, les charpentes il les connaît... Il était **chaudronnier** à la Fonderie de Fourchambault, près de Nevers... Toute sa vie à construire des ponts et des charpentes en fer...

le chaudronnier

die Schmiede

der Kupferschmied

la braise

die Glut

Il ne travaille plus depuis vingt ans. La fabrique n'existe plus d'ailleurs depuis bien longtemps. Fourchambault, toutes ces heures à mourir de chaud à côté d'une **forge**, c'est du passé. Tout ça est loin et bien fini.

À 78 ans, Hector continue d'y penser... souvent. Mais maintenant il s'intéresse à d'autres charpentes. Fini le fer, depuis qu'il connaît Michel, c'est le bois qu'il apprend à travailler. Et c'est encore des charpentes qu'il fabrique. Des charpentes de voilier et autres **coques**[3] pour aller sur l'eau...

Michel lui apprend le métier depuis qu'il le connaît. Hector est un passionné... Cela fait des années qu'il ne pense plus qu'à ses coques. À La Collancelle, où il vit avec sa femme, il a son **atelier**[4]. Il répare toutes sortes de bateaux, des **péniches** bien sûr, mais aussi des yachts. Ici tout le monde le connaît, tout ce qui **flotte** sur le canal du Nivernais passe dans l'atelier d'Hector !

1 **ça n'est pas de la tarte ! –** das ist nicht einfach!
2 **la charpente –** das Balkenwerk
3 **la coque –** der Rumpf
4 **l'atelier** (m.) **–** die Werkstatt

Hector ne répare pas seulement, il dessine et fabrique des bateaux pour tous ses amis. Et en secret quand il a fini ses chantiers pour les autres, il travaille sur les plans de son propre bateau. Avec Michel il peut fabriquer n'importe quoi. Quand son atelier est trop petit, il envoie les pièces à Saint-Nazaire et c'est Michel qui les assemble. Ils sont un vrai **chantier naval**[5] à eux tout seuls !

Michel aussi est du genre passionné…

Lui c'est depuis toujours qu'il dessine et fabrique des bateaux. Mais ce n'est pas ça sa vraie passion… comme ce n'est pas non plus la vraie passion d'Hector… Leur grand amour à tous les deux, ce n'est pas le bateau… ce ne sont pas les coques ni les charpentes, ce ne sont pas les ponts en fer ni les constructions en bois, c'est la Loire ! Ah la Loire ! … Quelle beauté !

Tous les deux ont un rêve…, pas tout à fait le même rêve, mais presque… En fait ils ont deux rêves qui se répondent, deux rêves symétriques : et ce sont ces rêves qui les lient depuis tant d'années. La voilà l'histoire de leur amitié : Hector rêve de descendre la Loire jusque chez Michel ! Michel de la remonter jusque chez Hector. Chacun veut **faire la surprise**[6] à l'autre.

C'est Michel qui est prêt le premier. Aujourd'hui il ne va pas travailler, ça y est ! C'est le premier jour de sa **retraite**[7]. Il va quitter Saint-Nazaire et le chantier naval où il travaille depuis quarante ans. Il va quitter aussi l'**estuaire**[8]. L'estuaire majestueux… l'Estuaire avec un grand E. Depuis trois ans il prépare son **embarcation**[9]… C'est un secret, même Hector n'est pas au courant !

Ce matin, Michel prend son téléphone et appelle Hector : il l'attend le lendemain !

Trente pages de plans et de calculs... un travail colossal. Il vient de finir de restaurer un vieux chaland, le bateau **à fond plat**[10] typique de la région.

Le lendemain est un grand jour : Michel va mettre son chaland à l'eau ! Hector arrive au train de 15h31.

Tout est prêt : les **cannes à pêche**, les harmonicas, les **cubis**[11] de rouge...

die Angelrute

la canne à pêche

Jusqu'à Orléans, le vent de la mer aide bien Michel et Hector... Mais **c'est une autre paire de manches**[12] d'arriver à Decize !

Les paysages sont **à couper le souffle**[13]... Les bancs de sable, les îlots, et cette lumière incroyable ! Par ici, si l'on ne veut pas finir au fond, il faut vraiment bien connaître le fleuve.

Puis on entre sur le canal... direction plein Nord à travers le Morvan ! Le canal du Nivernais, Hector connaît bien. Il connaît l'histoire de chaque **écluse**[14], de chaque pont, de chaque tunnel... Il connaît aussi beaucoup de monde ! Au bord du canal, dans chaque maison, Hector a un ami...

5 **le chantier naval** – die Werft
6 **faire la surprise à qn.** – jdn. überraschen
7 **la retraite** – der Ruhestand
8 **l'estuaire** (m.) – die Mündung
9 **l'embarcation** (f.) – das Boot
10 **à fond plat** – mit flachem Boden
11 **le cubi** – der Kubitainer
12 **c'est une autre paire de manches** – das ist eine andere Geschichte
13 **à couper le souffle** – atemberaubend
14 **l'écluse** (f.) – die Schleuse

La fin du voyage s'annonce très joyeuse. Le chaland est de plus en plus chargé ! Dans chaque village, de nouvelles personnes montent à bord de l'Atalante. Après la Loire en solitaires, voilà le Morvan en famille ! Avec tous les amis d'Hector...

À La Collancelle, ce sont tous les amis de Michel qui attendent l'Atalante : ils arrivent tout juste de Nantes.

Der **Canal du Nivernais** ist ein Schifffahrtskanal, der eine Verbindung zwischen der **Seine** und der **Loire** herstellt. Während früher viel gewerbliche Schifffahrt auf dem Kanal stattfand, wird er heutzutage meistens von Haus- und Sportbooten befahren.

La fête a lieu sur le chaland. Une fête qui va durer jusqu'au petit matin.
Sur un grand feu on grille des **lamproies** pêchés dans l'estuaire, de **l'anguille** et de la **civelle** ! Toute la nuit l'on danse, l'on chante et l'on rit au son des harmonicas.

das Neunauge

la lamproie

l'anguille (f.)

der Aal (la civelle bezeichnet einen jungen Aal)

6 LES OUBLIÉS DE L'AIGUILLE DU MIDI

Patrick est **guide** de haute montagne. Il habite Chamonix, un grand appartement qui donne sur les pistes.

Le soir quand tout le monde dort dans la ville, Patrick met sa **combinaison** et part dans la montagne avec ses **raquettes**. Cette nuit il neige et on ne voit pas à vingt mètres. Mais Patrick est habitué, il aime ça même.

Ce qu'il aime, c'est se sentir seul dans la montagne. Et ici, il n'y a presque que la nuit qu'il peut se sentir seul. Chamonix attire les alpinistes du monde entier, ce n'est pas vraiment un village perdu dans une petite vallée...

der Berganzug

der Bergführer

le guide

la raquette

der Schneeschuh

La nuit, Patrick retrouve sa montagne, la montagne de son enfance, celle qu'il connaît **par cœur**[1] ! Il peut enfin se retrouver... Là-haut, à cette heure-là, c'est bien lui : le vrai Patrick ! Pas le Patrick qui fait le **mariole**[2] sur des rochers avec des groupes de **fadas sportifs**, pas le Patrick en **combi fluo**[3] qui doit faire croire qu'il est sûr de lui ! Non, la nuit quand il sort et se dirige vers l'Aiguille du Midi, Patrick est juste un homme sur des raquettes en dessous des étoiles.

Cette nuit le froid fait mal, ça aussi Patrick aime.

1 **par cœur** – auswendig
2 **le mariole** – der Schaumeier
3 **la combi fluo (kurz für: combinaison fluorescente)** – der fluoreszierende Bergsteigeranzug

der Sportverrückte

le fada sportif
(umg.)

Cela fait trois jours qu'il croit voir des **ombres**[4] dans une des cabines du **téléphérique**. Des ombres qui bougent. Il n'est pas très sûr mais quand même **ça le turlupine**[5]. C'est pour ça aussi qu'il vient là tous les soirs.

Cette nuit, il a ses **jumelles** avec lui et il va pouvoir observer plus longuement…

Le téléphérique de l'Aiguille du Midi, on vient de loin pour le voir. Vous êtes déjà monté ?

Mais est-ce que c'est tous les soirs dans la même cabine qu'il y a des ombres qui bougent ? Et au fait, qu'est-ce qu'elle fait là cette cabine ? La nuit il n'y a pas de cabine sur le téléphérique ! Qui l'a fait monter là cette cabine ?
Patrick les connaît toutes, les cabines, et il peut les reconnaître sans se tromper même dans le brouillard ! Ce soir la cabine **clandestine**[6] est juste quelques mètres avant le piton nord de

la face nord – die Nordwand

abrupt(e) – steil

rocheux(euse) – felsig

l'Aiguille du Midi... à 3800 m d'altitude ! Beaucoup trop loin pour faire l'aller-retour avant que le soleil ne se lève.

Die **Aiguille du Midi** auf rund 3800 Metern Höhe kann mit einer Seilbahn erreicht werden und ist ein beliebter Aussichtspunkt im Mont Blanc-Massiv.

Dans ses jumelles Patrick a l'impression que la cabine bouge. Et pourtant il n'y a pas un souffle de vent. Il reste une heure immobile à l'observer. Il se demande si ce qu'il voit n'est pas juste l'effet de la fatigue.

le téléphérique

die Seilbahn

Vous avez déjà **fixé**[7] une cabine de téléphérique **au clair de lune**[8] dans la neige à -15°C ? Et bien, voyez-vous, ça hypnotise un peu.

Heureusement demain est un autre jour ! Et en plus c'est la pleine lune...

Cette fois, par chance Patrick peut se placer juste en dessous de la cabine sans se mettre en danger. Et là, tenez-

die Kabine

la cabine

in schwindelnder Höhe

à une hauteur vertigineuse

le panorama

das Panorama

4 **l'ombre** (f.) - der Schatten
5 **ça le turlupine** (umg.) - es lässt ihm keine Ruhe
6 **clandestin(e)** - (hier:) mysteriös
7 **fixer** - anstarren
8 **au clair de lune** - im Mondschein

vous bien, non seulement il peut voir que la cabine bouge effectivement..., il peut voir aussi que les ombres à l'intérieur bougent aussi. Ça, il en est vraiment sûr maintenant ! Car il n'y a pas un nuage, pas de vent non plus, **rien de rien**[9] pour faire danser des ombres dans une cabine de téléphérique. Et des ombres de quoi, **d'ailleurs**[10] ? Mais le plus **dingue**[11] c'est que là où il se trouve, Patrick entend de la musique ! De la musique qui semble venir de l'intérieur de la cabine.

Il y a une fête dans la cabine 12 du téléphérique de l'Aiguille du Midi ! C'est même la fête toutes les nuits !

Patrick rentre se coucher.

Le lendemain est un jour vraiment fatigant pour lui. Le groupe qu'il doit accompagner n'est pas facile. Il doit descendre la Vallée Blanche et la **météo**[12] n'est pas idéale. Patrick pense à sa sortie de nuit sous le téléphérique. Il ne croit pas aux **fantômes**[13]... c'est sûr.

Enfin, ...presque sûr !

Avant de rentrer chez lui, il fait un **détour**[14] par la gare de départ du téléphérique où le **gardien**[15] se prépare pour la nuit. Il connaît bien Bruno, il va lui parler de cette histoire de musique...
Bruno a les jambes allongées sur le tableau de contrôle et il mange des chips : il écoute Fip, son programme radio préféré ! Patrick comprend tout de suite : il n'a pas coupé les **hauts-parleurs**[16] des cabines, c'est la radio de Bruno qu'on entend là-haut pendant la nuit !

Mais ça ne lui dit pas pourquoi chaque nuit il reste une cabine ici…

Patrick ne parle pas à Bruno de la cabine. Bruno doit bien savoir qu'elle se balance toute seule là-haut pendant la nuit… Ou alors à quoi il sert Bruno ? Cette histoire n'est pas claire, vous voyez bien… Il cache quelque chose, Bruno.

Cette nuit, Patrick veut comprendre d'où viennent les ombres… et comment elles rentrent dans les cabines.

C'est une nuit très claire.

Il est minuit quand, avec ses jumelles, Patrick aperçoit quelqu'un au sommet du premier **pylône**[17]. Au moment où il rentre dans la cabine par le toit, il le reconnaît : c'est Jacques B., **disparu**[18] en 1834 dans le Massif du Mont-Blanc ! Une barbe **pareille**[19], ça ne s'oublie pas ! Et il n'est pas tout seul, houlala ! C'est juste incroyable… Patrick ne reconnaît pas les autres, il ne réussit pas à les compter, ils sont trop nombreux… mais il **n'a aucun doute**[20] : ce sont les disparus du Mont-Blanc qui viennent écouter Fip la nuit dans la cabine 12 du téléphérique !

9 **rien de rien** - absolut nichts
10 **d'ailleurs** - im Übrigen
11 **dingue** (umg.) - verrückt
12 **la météo** - die Wettervorhersage
13 **le fantôme** - das Gespenst
14 **le détour** - der Umweg
15 **le gardien** - der Wächter
16 **le haut-parleur** - der Lautsprecher
17 **le pylône** - der Mast
18 **disparu(e)** - verschollen
19 **pareil(le)** - solcher, solche, solches
20 **n'avoir aucun doute** - keinen Zweifel haben

Das Mont Blanc-Massiv ...

... ist eine Gebirgsgruppe der Alpen, die zwischen Frankreich, Italien und der Schweiz liegt.

l'air en altitude

die Höhenluft

Zum ersten Mal bestiegen wurde der **Mont Blanc** durch **Jacques Balmat** und **Michel-Gabriel Paccard** im 18. Jh.

le nuage

die Wolke

l'alpiniste (m./f.)

der/die Bergsteiger(in)

Heute gehört der alpine Bergsport zu einem der wichtigsten Wirtschaftsfaktoren der Region.

alpin(e)

alpin

le sommet

der Gipfel

Hier liegt auch der höchste Berg der Alpen, der Mont Blanc mit **4810** m.

das Gebirge

les montagnes
(im Franz. immer Pl.)

die Steilwand

la paroi à pic

l'equipement (m.)

die Ausrüstung

In der Hochsaison versuchen über **20.000** Menschen den Gipfel zu erreichen. Manchmal fast **500** am Tag.

7 UN CORSICA COLA S'IL VOUS PLAÎT, POUR OUBLIER...

le châtaignier

der Kastanienbaum

Pour arriver à la maison, enfin à ce qu'il en reste, il faut quitter la route. Au bout d'un chemin, dans une petite forêt de **châtaigniers**, il y avait la maison. Elle était là toute seule : la maison du **cul de sac** ! C'était son nom ! Pas de rue. Pas de numéro. Elle n'avait pas d'adresse, elle n'était pas sur la carte. Et pourtant elle n'était pas d'hier ! C'était la maison de notre enfance, la maison de la famille depuis 1750 et même avant... Une maison où nous avions tous nos souvenirs.

die Sackgasse

Le village le plus proche est à 6 kilomètres, c'est Poggio d'Oletta. Quelques maisons **accrochées**[1] sur le **flanc**[2] de la montagne.

- On va voir la mer ?
- Si on monte sur le **tas**[3], je pense, oui.
- Quel tas ?
- Je veux dire, ce qu'il reste de la maison...
- Ah sur les pierres ... On va monter sur le tas de pierres !
- C'est vraiment triste, cette histoire...
- Pourquoi ils font ça...
- Je ne sais pas.

Avant d'arriver au cul de sac, on traverse un **hameau**[4] **abandonné**[5], comme il y en a beaucoup en Corse. Des maisons en ruine, depuis des années... Abandonnées, **effondrées**[6].

Mais notre maison, elle était encore debout l'hiver dernier. Maintenant ils viennent boire des bières là-haut, ils montent en **mobylette** le samedi soir, c'est romantique peut-être. Moi, je ne trouve pas. Vraiment pas du tout.

la mobylette

das Mofa

- Dis, Maman, tu crois qu'ils ne nous aiment pas ?
- Je crois que ce n'est pas ça, Pierrot.
- Mais alors tu sais, toi, pourquoi ils **plastiquent**[7] les maisons ?
- Non je ne sais pas.
- Et à qui je peux demander ? Il y a quelqu'un qui sait ?

Non, personne ne sait... Personne ne voit, personne n'entend rien.

- Maman, est-ce que c'est ça l'omertà ?
- l'Omer quoi ?

Oui, ça doit être ça.

- Alors moi je dis, on va se baigner !

1 **accroché(e)** - angehängt
2 **le flanc** - die Seite
3 **le tas** - der Haufen
4 **le hameau** - der Weiler
5 **abandonné(e)** - verlassen
6 **effondré(e)** - eingestürzt
7 **plastiquer** - mit einer Plastikbombe in die Luft sprengen

Die Küste zwischen **Saint-Florent** und dem **Plage d'Ostriconi** wird als **Agriatenwüste** bezeichnet. Man kann sie nur zu Fuß, dem Mountainbike oder einem Geländewagen erreichen.

- On va aller se baigner, super idée !
- Oui on va arrêter de pleurer…
- On va d'abord ramasser les pierres et on va faire des jolis murs. Après, on va aller se baigner.

L'eau est **délicieuse**[8] en septembre ! Et la plage de Saleccia est une des plus belles plages de sable de l'île. La mer est bleu turquoise, c'est vraiment trop beau ! Pour y aller, il faut trouver un bateau car on ne peut pas facilement y arriver à pied. Il faut marcher presque 6 heures depuis Saint-Florent ! Ici c'est le **désert des Agriates** !

Il n'y a pas de routes, il y a juste quelques pistes… Et une dune avec de magnifiques **pins** ! L'endroit est absolument unique.

le pin

die Kiefer

Après la baignade, mon frère et moi proposons de rentrer à Saint-Florent à pied. Maman est d'accord. Nous voulons voir si les **pagliaghji** entre Saleccia et Lotu sont toujours debout. Il en reste quelques uns dans la région. Quand on était petits, c'était ça notre terrain de jeu !

traditionelle Steinhäuser auf Korsika

Et bien, oui, ils sont toujours debout, eux...

Maintenant on va aller au café. On a bien chaud, on est bien fatigués... Mais ce n'est pas si simple, c'est que **ça ne court pas les rues**[9], les cafés, dans ce désert !

8 **délicieux(-euse)** – (hier:) angenehm
9 **ça ne court pas les rues** – das findet man nicht oft
10 **déshydraté(e)** – am Verdursten
11 **l'habitué** – der Stammgast
12 **crado** (umg.) – schmutzig
13 **le Corsica Cola** – korsisches Getränk

Plus que 5 heures de marche...

Quand nous arrivons à **Saint-Florent**, nous sommes déjà un peu **déshydratés**[10]. Même un peu beaucoup !

Nous nous arrêtons dans le premier café, un vieux bistrot d'**habitués**[11], un peu **crado**[12]. Il est comme il y a cinquante ans, c'est fascinant – Là c'est Maman qui parle.

- Un **Corsica Cola**[13], s'il vous plaît ! ... pour oublier
- Moi aussi, s'il vous plaît !
- Et ... oui, un pour moi aussi...
- Trè Corsica Cola Jean-Michel pè la ghjuventù !

Kleine Gemeinde im Nordwesten der Insel Korsika, die oft auch als das **Saint-Tropez** Korsikas bezeichnet wird.

8 REINE DES GALETTES

Pas facile de vivre seule ! Personne pour vous dire bonjour le matin, bon appétit le midi ou bonne nuit le soir. Personne à qui le dire. Personne pour vous aider dans les petits **défis**[1] de la vie : par exemple fermer sa maison quand on part pour quelques jours et ne rien oublier. Madame Liliane Duruy, boulangère à la retraite, a une liste de choses à faire :

- **couper l'eau**[2],
- fermer les fenêtres,
- **arroser** les fleurs,

gießen

- fermer la petite porte du jardin,
- ne pas oublier la clé de la maison

Elle est drôle, la fin de cette liste ? Non, parce que si vous oubliez la clé dans la maison et que vous **claquez**[3] la porte, vous faites comment ? Heureusement Liliane a une voisine qui a un **double**[4] de sa clé. En cas de problème, elle peut aller la voir.

Non, ce n'est pas facile d'être seule, de penser à tout. Penser aux choses importantes, simples, pratiques. Et ne pas penser aux choses tristes, comme à la mort de son mari il y a cinq ans. Ça, Liliane ne peut pas l'oublier, non. Mais c'est une autre histoire...

Cette année comme chaque année, Liliane est invitée chez son fils à Dinan pour fêter **l'Épiphanie**[5]. Elle fait elle-même la galette, ça lui rappelle son ancien métier. Le dimanche matin, elle prépare ses bagages, une petite valise légère, pour rester dormir une nuit. Elle doit bien relire sa liste de choses à faire et surtout… surtout elle ne doit pas oublier la clé comme la dernière fois. Heureusement que la voisine était là ! Liliane est bien **tête en l'air**[6] en ce moment.

Allez, en voiture ! Entre Ploubalay où elle habite et Dinan, il n'y a que vingt minutes de route. On est tout début janvier, il fait un peu froid et gris. Courage !
Dans la voiture Liliane écoute France Bleu Armorique, une émission sur… la **galette des rois**, c'est d'actualité ! Le journaliste parle des traditions, de la **fève**, de la **couronne**.

Die **galette des rois** wird traditionell am 6. Januar gegessen. Sie besteht aus Blätterteig und ist mit einer Creme aus Eiern, Zucker, Butter und Mandeln gefüllt. Darin versteckt ist immer die fève.

1 **le défi** – die Herausforderung
2 **couper l'eau** – das Wasser abdrehen
3 **claquer (la porte)** – die Tür zuknallen
4 **le double (de clé)** – der Zweitschlüssel
5 **l'Épiphanie** (f.) – Dreikönigstag
6 **être tête en l'air** – zerstreut sein

« Zut, la couronne ! », pense-t-elle. Heureusement qu'elle a son portable. Elle s'arrête et appelle son fils :

- Allô ? Je suis désolée, je vais avoir un peu de retard, et surtout il y a une chose : il manque la couronne pour la galette. J'oublie tout en ce moment ! Mais j'ai une idée : les enfants peuvent en faire une eux-mêmes ? Merci !

Liliane arrive à Dinan vers midi. Son fils a bien de la chance : avec sa femme et leurs trois enfants Pauline, Jules et Martin, il habite un bel appartement au troisième étage d'une vieille maison dans le centre **médiéval** – avec ascenseur, s'il vous plaît !

- Bonjour tout le monde ! Bonne année, bonne santé ! Alors, c'est le jour de la galette, vous êtes contents, les enfants ? Mais non, Jules, qu'est-ce qui ne va pas, mon grand ?

Jules, le premier des garçons, en a assez. Chaque année c'est la même chose, c'est son petit frère Martin qui est le roi et c'est **injuste**[7]. Il explique :

- Comme c'est le plus jeune, c'est toujours lui qui va sous la table et qui dit pour qui est chaque part. Mais moi, je le sais, nos parents **trichent**[8] : ils lui donnent toujours la part avec la fève. Moi je ne l'ai jamais, j'en ai marre !

On passe à table. Bon appétit, tout le monde ! On prend le dessert avec le café. Pauline, la grande sœur, apporte la belle galette de sa grand-mère, les garçons apportent deux couronnes, une pour le roi et une pour la reine. On coupe la galette en six parts et comme chaque année, c'est Martin qui va sous la table. Tout le monde sourit, sauf Jules…

- Bravo Mamie, ta galette est un **régal**[9] ! Comment tu fais ?
- Merci, c'est tout simple !
- Et qui a la fève ? C'est toi, Jules qui as la fève ?
- Non, et toi Pauline ?
- Non, et toi Martin ? Papa ? Maman ? Mamie ?
- Mamie, il n'y avait pas de fève dans ta galette, c'est la **cata**[10] ! Qu'est-ce qu'on va faire ? On ne va quand même pas attendre l'année prochaine pour les rois ?
- Excusez-moi, mes enfants. Je fais pourtant attention de ne rien oublier !

Liliane est désolée : la couronne et la fève aujourd'hui, sa clé la dernière fois, ça fait beaucoup…

Mais il faut faire vite. Y a-t-il encore une boulangerie ouverte ? Le dimanche à quatorze heures, les magasins sont fermés, les enfants ont peur de ne rien trouver. Dans les vieilles rues

7 **injuste** - ungerecht
8 **tricher** - betrügen
9 **le régal** - der Genuss
10 **la cata(strophe)** (umg.) - die Katastrophe

de Dinan, **c'est le désert**, tout le monde reste au chaud. Rien d'ouvert ! On tourne rue du Jerzual, celle qui descend **à pic** jusqu'au port. C'est une rue magnifique, très ancienne et très **étroite**. Attention de ne pas tomber !

Alles ist wie ausgestorben!

steil

eng

Quelle chance, une boulangerie est encore ouverte tout en bas de la rue, presque sur le port. La boulangère leur montre différents gâteaux :

– Vous ne voulez pas une spécialité, un **far breton** ou un **kouign amann** ? Non ? Alors, voilà une galette, vous avez de la chance, c'est la dernière. Et bonne année !

Pour revenir à l'appartement, c'est plus difficile, ça monte ! Liliane ne marche pas vite, elle a l'air **perdue dans ses pensées**[11]. Les autres n'y font pas attention, ils sont si heureux avec la galette. On va la manger pour le goûter !

Une fois dans l'appartement, on coupe la nouvelle galette en six. Martin va sous la table, chacun espère avoir la fève. Martin va-t-il être le roi comme l'an dernier ? Ou Pauline la reine ? Non, c'est Jules qui a la fève, ses parents ne trichent donc pas ! La fève est une jolie petite maison avec de la neige sur le toit.

Le roi doit choisir sa reine… Jules pose la deuxième couronne sur la tête de sa grand-mère. Mais pourquoi a-t-elle cet air triste ? Elle le remercie avec un petit sourire et **avoue**[12] :

- J'oublie tellement de choses en ce moment, j'ai peur d'avoir la maladie d'Alzheimer… Ne riez pas, c'est très **angoissant**[13] ! Vous n'allez pas me mettre dans une **maison de retraite**[14], j'espère…
- Mais non, Mamie, ne t'inquiète pas, on a tous le droit d'oublier des choses. Et puis tu sais, ta galette, elle était meilleure que celle de la boulangerie. C'est toi la reine, la reine des galettes !

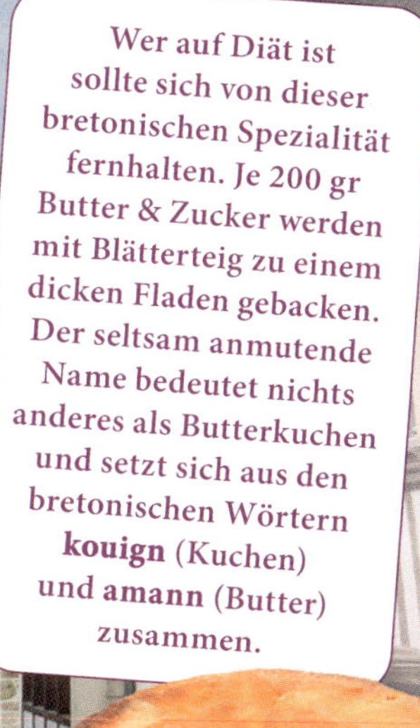

Ein **far breton** ist ein typisch bretonischer, puddingartiger Kuchen mit Backpflaumen. Man kann ihn in der Bretagne in fast jeder Bäckerei kaufen.

11 perdu dans ses pensées – gedankenverloren
12 avouer – gestehen
13 angoissant(e) – beängstigend
14 la maison de retraite – das Altenheim

zentraler Platz im Viertel **Marais**

9 LA VIE EN ROSE

Paris, **place des Vosges**, un dimanche matin un peu gris et **morose**[1] du mois de mars. Peu de promeneurs sous les **arcades** blanches et rouges. Un couple sort de la maison de Victor Hugo :

- Alors, cette visite ? C'est original non, ce décor chinois tout en noir dans le salon ? Et puis ces meubles transformés par Hugo, quelle surprise, n'est-ce pas ?
- Oui, c'est nouveau pour moi... En fait il n'était pas simplement un grand écrivain et un grand poète, il était aussi dessinateur et décorateur ; quel homme moderne !
- Tu as raison ! Avec des idées : ce bureau **surélevé**[2] pour pouvoir écrire debout...
- On voit qu'il était petit, ton grand homme...
- Les gens étaient tous plus petits avant !

der Backstein

Ilona et Günter marchent sous les arcades, le ciel gris ne les dérange pas. Et puis le rouge de la **brique** et le blanc de la pierre, quelle élégance ! La maison de Victor Hugo, ils vont la voir plus tard. Ils arrivent de Cologne et ce matin ils veulent juste marcher dans les rues et sentir l'**atmosphère**[3] de ce célèbre quartier du Marais.

die Arkaden

Soudain, une voix se fait entendre. Un chant **angélique**[4]... Mystère : est-ce une voix d'homme ou de femme ?

die Säule

- Erba---rme dich, erba---rme dich mein Gott!

- Günter, que c'est beau, cette voix est magique ! Allons voir d'où elle vient. Et cette musique, tu la connais ?
- Oui, c'est en allemand, on dirait un air de Bach...
- Tu as raison. Peut-être un air de la Matthäus-Passion ? Là, Ilona, je crois que la voix vient de derrière ce **pilier** !

Le couple avance vers l'endroit d'où ils entendent la voix. Avec **prudence**[5] : il ne faut pas déranger ! Mais soudain la musique s'arrête, la personne ne chante plus. Ilona et Günter ne savent plus où aller... Puis le chant recommence. C'est par là, sous l'arcade suivante !

Derrière le pilier, sous l'arcade, un homme est là, sa silhouette mystérieuse **enroulée**[6] dans une grande **cape**[7] noire – silhouette noire dans cette place en rouge et blanc. L'homme voit le couple de touristes et continue de chanter. Maintenant il chante pour eux :
- Erba---rme dich, erba---rme dich mein Gott !

Ilona et Günter écoutent la fin de l'air avec beaucoup d'émotion. C'est magique ! Quand la musique s'arrête, il y a quelques instants de silence où le temps s'arrête Place des Vosges. – Bravo ! Merci, c'est tellement beau...
L'homme salue et leur sourit.
- Excusez-moi, votre air, c'était du Bach ?

1 **morose** – schlecht, trüb
2 **surélevé(e)** – erhöht
3 **l'atmosphère** (f.) – die Stimmung
4 **angélique** – engelhaft
5 **la prudence** – die Vorsicht
6 **enroulé(e)** – eingerollt
7 **la cape** – der Umhang

- Oui, tout à fait, un air d'alto de la Passion selon Saint-Matthieu. Et j'entends que vous êtes étrangers : vous ne dites pas « Bac » comme nous en France...
- Vous avez raison, nous venons d'Allemagne, de Cologne. Et nous aimons beaucoup la musique ! Mais excusez-nous, nous pouvons vous poser une petite question ?
- Bien sûr.

Le chant de tout à l'heure était angélique, et maintenant l'homme parle avec une autre voix ... une voix d'homme ! Ces deux voix, ce sont comme deux personnalités, Ilona et Gunter sont très **intrigués**[8] .

- Quand vous parlez, vous avez une voix... normale ! Et quand vous chantez votre voix est tellement différente... Pourquoi ?
- Je **chante** avec ma voix de tête, **en fausset**[9] . C'est un peu comme ma voix d'enfant, si vous voulez ! Les gens sont toujours surpris. En tous cas, à l'époque de Bach, c'était comme ça !

Das **Hôtel de Sully** ist ein sogenanntes **hôtel particulier,** ein repräsentatives Stadthaus, das seinerzeit von den Herzogen von Sully bewohnt wurde.

Der Innenhof des Gebäudes ist ein verstecktes Kleinod in Paris. Mitten im geschäftigen Treiben der Stadt findet sich hier eine Oase der Ruhe. Es befindet sich in der **62 rue Saint-Antoine.**

L'homme a un grand sourire, il a l'air **passionné**[10] . Ilona et Günter lui proposent de prendre un café avec eux. Où il veut !

- Merci ! Le Marais, c'est mon quartier. Cela ne vous dérange pas de marcher un peu ?
- Au contraire !

Sous les arcades, il y a plus de monde maintenant. Malgré le temps gris, les Parisiens et les touristes sont assis aux terrasses des cafés, encore **emmitouflés**[11] dans leurs vêtements d'hiver.

Avec le chanteur à la cape noire, Ilona et Günter font le tour de la place jusqu'à une petite porte. Surprise : un passage secret arrive directement dans les jardins à la française de l'Hôtel de Sully. Quelle beauté !

8 **intrigué(e)** – erstaunt
9 **chanter en fausset** – im Falsett singen
10 **passionné(e)** – vertieft
11 **emmitouflé(e)** – eingemummt

Puis ils continuent la promenade dans les rues du Marais.

Là, les **hôtels particuliers** racontent une histoire vieille de plusieurs siècles, avec leurs fenêtres si hautes et leurs grandes portes un voyage dans le temps.

Soudain, ils arrivent sur une petite place carrée. Quelques arbres au centre avec quelques bancs, des restaurants autour… Voilà où ils vont prendre leur café !

- Quel joli endroit ! Où sommes-nous ?
- Vous aimez ? Tant mieux ! C'est la Place du Marché Sainte-Catherine. Elle n'est pas aussi célèbre que la Place des Vosges, mais je la préfère, elle est plus **intime**[12]...

Au mois de mars, il ne fait pas très chaud. Ils rentrent dans un café. Le chanteur s'assoit en face d'Ilona et de Günter, il a l'air fatigué... sa cape aussi. Chanter dans la rue, cela ne doit pas être facile tous les jours, pensent Ilona et Günter.

L'homme à la cape se sent en **confiance**[13], il explique :
- Non, ce n'est pas toujours facile ! Je chante Place des Vosges parce que l'acoustique est très bonne. Sous les arcades, c'est comme dans les couloirs du métro : c'est notre cathédrale de Paris, à nous les musiciens de la rue ! Mais ce n'est pas vraiment un **choix**[14], la bohème. Ce n'est pas toujours la vie en rose !

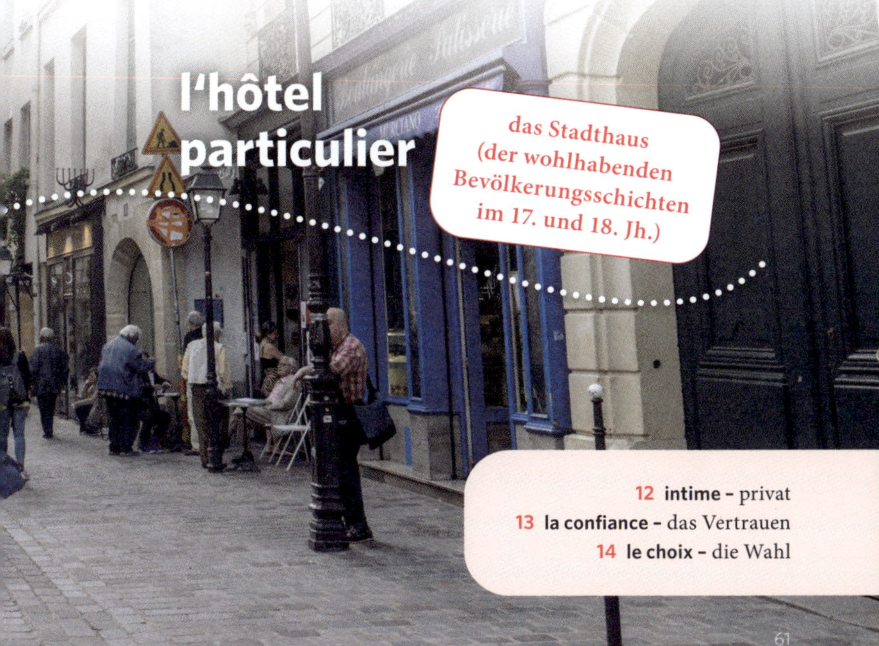

l'hôtel particulier

das Stadthaus (der wohlhabenden Bevölkerungsschichten im 17. und 18. Jh.)

12 **intime** - privat
13 **la confiance** - das Vertrauen
14 **le choix** - die Wahl

10 LES VOYOUS[1] DE LA CALANQUE

Ils sont quatre frères et trois cousins. Ils habitent avec leur grand-père. Une maison en **parpaings**[2] avec un toit en **tôle**[3].

La maison est au pied de la falaise. **Zone non constructible**[4]. Mais personne ne passe jamais ici… Pour y arriver, il n'y a pas de route, même pas un chemin. Après le Port de la Madrague, ce sont les calanques qui commencent. La ville est toute proche et pourtant elle semble si loin ! À Pointe-Rouge déjà il n'y a plus d'immeubles, seulement des maisons basses. Ici, c'est le bout de Marseille !

La maison est trop petite, alors ils sont là **à tour de rôle**[5]… Ils dorment à tour de rôle, ils mangent à tour de rôle, ils font tout à tour de rôle, en fait… Ils vivent à tour de rôle. C'est le grand-père qui dirige tout ça, une grande affaire !

Le grand-père il est de Palerme. Il est à Marseille depuis 1951 et depuis on l'appelle Le Papet. Ce n'est pas un intellectuel mais pour faire ce qu'il fait ce n'est pas un problème. Il connaît bien son métier !

la calanque

die Felsbucht

Les quatre frères, ils ont tous des surnoms **à coucher dehors**[6]. Mais voilà, ils s'appellent comme ça entre eux. Ils n'aiment pas toujours leur surnom, mais c'est comme ça. Ce n'est pas eux qui choisissent : il faut faire avec.

Le plus jeune c'est Le Minot. Il est tout petit et il court très vite, c'est lui qui prévient les autres quand il sent qu'il y a un danger. Quand il sent que les **flics**[7] ne sont pas loin par exemple... C'est lui qui porte les messages du Papet. Il a toujours un paquet ou une enveloppe à livrer dans les beaux quartiers.

Après il y a Bicou... Bicou c'est celui qui vend les merguez sur la plage de Pointe-Rouge. Il a toujours l'air de sortir de son lit et il est tout rouge : c'est une vraie **dormiasse**[8]. Quand il n'est pas sur la plage il vend des cigarettes et des téléphones sur la Canebière. Bicou, il en fait le moins possible, il a peur de se fatiguer.

Le troisième c'est Jo les gros bras, celui qui tourne avec son scooter entre les **HLM**... Il croit qu'on ne le reconnaît pas avec ses lunettes de soleil. Lui, il **surveille**[9] les autres, c'est ça son job.

1 **le voyou** – der Ganove
2 **le parpaing** – der Leichtbaustein
3 **la tôle** – das Wellblech
4 **la zone non constructible** – die nicht bebaubare Zone
5 **à tour de rôle** – nacheinander, im Wechsel
6 **à coucher dehors** (umg.) – (hier:) unaussprechbar
7 **les flics** (m.) (umg.) – die Bullen
8 **la dormiasse** (umg.) – die Schlafmütze
9 **surveiller** – überwachen

le HLM (habitation à loyer modéré) : die Sozialwohnung

Il ne surveille pas ses frères ni ses cousins, il surveille ceux de la Madrague et ceux de Pointe-Rouge, ceux de Montredon et de Bonneveine... Ceux qui dealent, celles qui **font le tapin**[10].

Un jour il va **se faire descendre**[11]... Le Jo, **il n'a pas inventé l'eau tiède**[12].

Et le dernier, c'est Tony l'**anguille**[13], c'est celui qui va chez sa Tata tous les matins chercher la bouillabaisse et qui promène des touristes dans son **hors-bord** l'après-midi. Il leur montre les petites **criques**... Tony il est super intelligent. Un jour, je vous le dis, l'anguille elle va **filer entre les doigts**[14] du Papet !

das Sportboot

Un matin, devant la maison en parpaings.
Le Minot avec son Papet :

- Hé Papet
- Hm
- Tu sais quoi ? Tony...
- Hm
- Papet, tu m'écoutes ?
- Tu vois pas que je regarde la télé ?

- Tony il pense que les cousins... Hé tu m'écoutes, Papet ?
- Je t'écoute ! Oui, les cousins, quoi encore ?
- Avec les cousins, ça va mal finir... et Tony il va partir, je le sens.

Donc les cousins... je dois vous présenter les cousins !
Les cousins, ils n'ont pas de surnoms, on ne les appelle pas, tout simplement. Ils sont beaucoup plus grands et c'est

beaucoup moins clair ce qu'ils font. Ils sont toujours ensemble et ils font un peu peur aussi. Ils **récupèrent**[15] le poisson le matin sur la plage, les cigarettes, et tout le reste. C'est eux qui **négocient**[16]. C'est entre leurs mains que l'argent circule. Le Papet, il leur apprend tout depuis qu'ils sont tout petits. Maintenant le Papet, il a juste à **recompter**[17].

Mais c'est de la Tata que je veux vous parler, celle qui prépare la bouillabaisse. La Tata c'est la mère des trois cousins, vous me suivez ? La fille aînée du vieux… Elle n'habite pas avec les autres dans la maison en parpaings. Elle est à la Belle de Mai, Marseille, 3e arrondissement ! C'est là qu'elle est née en 52, Papet c'est en 51, je crois, qu'il arrive de Palerme et qu'il rencontre celle qui va devenir la mère de la Tata… C'est un peu compliqué, hein ?

La Tata, donc, elle habite le quartier de la Belle de Mai depuis toujours, si vous voulez. Elle habite un petit deux pièces avec sa fille (on n'en parle pas cette fois, de la fille, elle ne nous intéresse pas). Et elle travaille chez Marcel, qui lui prête la cuisine

10 **faire le tapin** (umg.) – auf den Strich gehen
11 **se faire descendre** (umg.) – umgebracht werden
12 **ne pas avoir inventé l'eau tiède** (umg.) – nicht besonders intelligent sein
13 **l'anguille** (f.) – der Aal
14 **filer entre les doigts** (umg.) – zwischen die Finger gleiten
15 **récupérer** – aufsammeln, holen
16 **négocier** – verhandeln
17 **recompter** – nachzählen

de son **restau**[18] avant le service. La Tata elle cuisine toute la nuit et au petit matin elle rentre chez elle avec ses **marmites** de bouillabaisse derrière son vélo. Sa bouillabaisse, c'est la meilleure de Marseille. En ville tout le monde la connaît, la Tata ! Elle est un peu excentrique.

Aujourd'hui, la Tata est inquiète. Ses trois fils **sont sur un gros coup**[19], c'est L'anguille qui vient de lui dire… Et elle est sûre que ça va **foirer**[20]. Elle veut aller voir son vieux, et lui raconter tout.

la marmite – der Kochtopf

Tony vient la prendre au **Vieux Port** avec son hors-bord. Tony doit passer par le **Frioul**. Le Minot l'attend sur la Digue de Berry.
Sur la digue, il y a beaucoup de monde. Une foule de gens qui regarde vers le **phare**.

Das **MuCEM** (Musée des Civilisations de l'Europe et de la Méditerranée) wurde 2013 eröffnet. Es widmet sich den Kulturen im Mittelmeerraum. Seine auffällige Architektur und die einzigartige Lage direkt in der Einfahrt des alten Hafens haben es zu einem der meistbesuchten Museen der Welt gemacht.

ältester Hafen von Marseille, heute ein Jachthafen

- À droite du Planier, tu les vois ?
- Tu es sûr que c'est eux ?
- Regarde, là je crois que c'est fini pour eux.

Sur la digue tout le monde reconnaît le bateau des cousins… À côté il y a un bateau de la gendarmerie maritime.

Ah les **voyous**[21] de la Calanque ! Tout le monde sait que c'est une bande de **bras cassés**[22] !

18 **le restau** (umg.) - das Restaurant
19 **être sur un gros coup** (umg.) - etwas Großes vorhaben
20 **foirer** (umg.) - schiefgehen
21 **le voyou** - der Halunke
22 **le bras cassé** (umg.) - der Nichtsnutz

Die **Frioulischen Inseln** sind Marseille vorgelagert. Man hat von dort eine wunderbare Aussicht auf die Stadt.

11 ÉTRETAT EN FAMILLE

On peut venir en vacances à Étretat pour beaucoup de raisons :
Pour la géologie.
Pour les Impressionnistes.
Pour les **cerfs-volants**.

der Drachen

Pour Arsène Lupin, le célèbre gentleman **cambrioleur**[1] des romans de Maurice Leblanc.

la falaise

die Steilküste

Et si l'on vient à Étretat en famille :
On peut partager de bons moments.
On peut partager de mauvais moments…
Mais le risque est aussi de ne RIEN partager !

der Kalkstein

La famille Renard est venue de Rouen en vacances à Etretat. Tous ensemble : Damien Renard le père, Estelle Renard la mère et Justine Renard, leur fille de dix ans. Enfin, pas vraiment ENSEMBLE: chacun a son hobby, chacun est dans son univers. Que vont-ils partager ? Qu'est-ce qui va les **réunir**[2] le temps de leurs vacances ?

Le père est un grand scientifique, **chercheur**[3] à l'université. Sa passion : la géologie. Ses projets pour les vacances : **étudier**[4] ces falaises de **calcaire** et de **silex**, faire des excursions. Il ne sort jamais sans sa loupe.

der Feuerstein

La mère est bibliothécaire. Sa passion : les Impressionnistes et surtout Monet. Elle peut faire un vrai tour de France pour ce peintre : aller à Paris au Musée d'Orsay voir un de ses tableaux des falaises d'Étretat, puis aller voir les autres tableaux à Caen, à Nancy... Chaque année, elle va au festival « Normandie Impressionniste » du Musée des beaux-arts de Rouen. Ses projets pour les vacances : se promener et dessiner elle aussi les falaises. Elle emporte toujours avec elle un **carnet de croquis**[5] (mais attention : elle ne montre ses dessins à personne).

Leur fille est une enfant secrète. Sa passion : les cerfs-volants, depuis le Festival international de cerf-volant de Dieppe il y a trois ans avec son grand-père. Ses préférés : les cerfs-volants de Birmanie. Ses projets pour les vacances : lire des livres. Des romans d'Arsène Lupin, l'**aventurier**[6] romantique qui la fait rêver comme beaucoup d'enfants de son âge. Et pour plus tard : aller au Festival du cerf-volant à Berlin, toujours avec son grand-père. Ce qu'elle a toujours avec elle en promenade, c'est une paire de **jumelles**.

das Fernglas

Dans la famille Renard, chacun est indépendant. Très indépendant ... TROP !
Comme Justine aime les livres d'Arsène Lupin, ses parents la conduisent au Musée du Clos Lupin et la laissent seule : **ERREUR**[7] !

1 **le cambrioleur** – der Einbrecher
2 **réunir** – versammeln
3 **le chercheur** – der Forscher
4 **étudier** – studieren
5 **le carnet de croquis** – der Skizzenblock
6 **l'aventurier** (m.) – der Abenteurer
7 **l'erreur** (f.) – der Irrtum

– Bonne visite ma chérie, on vient te rechercher dans deux heures !

die Lupe

Monsieur part étudier le calcaire à la **loupe**, Madame part dessiner les falaises. Les Renard ne se voient plus vraiment, ils se **croisent**[8] ! Dommage, parce que les vacances, ça peut servir à se voir, à se retrouver même...

Justine est très contente de sa visite au Clos Lupin. C'est l'univers des livres de Maurice Leblanc, mais en vrai ! Elle se promène dans les pièces de cette grande maison, regarde les peintures, les objets, le vieux piano, les lettres : c'est comme une **enquête**[9] ! Justine a l'impression d'être elle-même dans l'histoire, avec Arsène Lupin comme complice : une histoire de trésor et de mystère ... Elle décide d'aller voir de plus près la falaise et bien sûr l'**aiguille** . Peut-être va-t-elle voir quelque chose avec ses jumelles ? Pourquoi ne pas **emprunter**[10] la loupe de son père ? Ou le carnet de sa mère ? Il y a peut-être des indices cachés dans les dessins...

die Felsnadel (im Franz. f.)

– Alors Justine, cette visite, c'était bien ma chérie ?
– Oui maman, merci, c'était super !
– Et maintenant tu veux faire quoi, retourner dans ta chambre à l'hôtel ? Relire L'Aiguille Creuse par exemple !

Mais Justine ne reste pas dans sa chambre d'hôtel. Relire L'Aiguille Creuse, pour la dixième fois, non merci !

Berühmte Wahrzeichen der Felsküste von Étretat sind der Felsbogen **Porte d'Aval** und die Felsnadel **Aiguille**.

Dès que ses parents ont **le dos tourné**[11] elle sort de la **pièce**[12], avec tout ce qui va lui servir pour SON enquête…

Justine étudie le paysage avec ses jumelles. Attention : qu'est-ce que c'est que cette chose noire sur l'aiguille ? Un oiseau ? Non, mais c'est peut-être un cerf-volant ! Un cerf-volant perdu par quelqu'un, par un enfant comme elle ? On ne peut pas le laisser là, il faut faire quelque chose ! Elle a une idée : elle va chercher SON cerf-volant et le faire voler sur l'aiguille pour **décrocher**[13] l'autre… Bravo Justine, c'est une idée comme celles d'Arsène Lupin, oui !

Estelle Renard marche sur le **sentier côtier**[14]. La vue est idéale pour dessiner… Elle cherche dans son sac : plus de carnet !
- Il doit être resté à l'hôtel !
Damien Renard, lui, marche sur la plage, il cherche sa loupe dans sa poche : plus de loupe !
- Où est-elle? Peut-être à l'hôtel ?
Tous les deux se retrouvent donc à l'hôtel : il n'y a personne dans la chambre de leur fille !
Par la fenêtre, les parents voient au loin un hélicoptère… C'est le signe d'un **danger**[15] : peut-être leur fille a des problèmes et ce sont les **secours**[16] qui viennent pour elle? « Justine ! » crient-ils d'une seule voix, pris de panique.

Justine est **saine et sauve**[17] . Son idée d'enquête et de cerf-volant était une très

8 **se croiser -** (hier:) aneinander vorbeigehen
9 **l'enquête** (f.) **-** die Untersuchung
10 **emprunter -** ausleihen
11 **avoir le dos tourné -** jmdm./etw. den Rücken gekehrt haben
12 **la pièce -** das Zimmer
13 **décrocher -** (hier:) herunterholen
14 **le sentier côtier -** der Küstenwanderweg
15 **le danger -** die Gefahr
16 **les secours** (m.) **-** die Rettungskräfte
17 **sain(e) et sauf (sauve) -** unversehrt

mauvaise idée. Elle était très près du bord de la falaise, TROP près... mais tout se termine bien. Pour ses parents, c'est un signal d'alarme : il est temps de commencer de VRAIES vacances en famille !

warme Austern, mit Camembert überbacken

- Estelle, Justine, ça vous dit d'aller manger une spécialité normande dans un bon restaurant tous les trois ?
- Par exemple des **huîtres chaudes au Camembert fondu** ?
- Et on va **trinquer** à la santé de notre grande aventurière : jus de pomme pour elle, cidre pour nous...

anstoßen

Tarte Tatin

Belohnen Sie sich doch einmal selbst mit einer typisch normannischen Sepzialität: der **Tarte Tatin.**

Die **Normandie** ist bekannt für ihre **Äpfel**. Neben **Cidre** und **Calvados** lassen sich hieraus auch ganz hervorragende süße Köstlichkeiten zaubern.

Die Tarte soll auf die Schwestern **Tatin** zurückgehen. Einer der Schwestern soll ein Apfelkuchen heruntergefallen sein – mit der Apfelseite nach unten. Daraufhin legte sie den Kuchen mit der Apfelseite in eine Form, bedeckte ihn mit neuem Teig und gab ihn erneut in den Ofen.

Und so geht's: Den Zucker karamellisieren lassen und die Äpfel schneiden. Äpfel in eine runde Kuchenform geben und mit dem Teig bedecken. Nach 30 min bei 200 Grad im Ofen den Kuchen herausnehmen und umgedreht auf eine Platte stürzen – fertig!

Sie brauchen dafür:
8 – 10 Äpfel
150 g Butter
150 g Puderzucker
200 g Mürbeteig

12 UNE JOURNÉE PLEINE DE SUCCÈS

Comme tous les samedis, Émilie sort de chez elle **tirée à quatre épingles**[1]. Le sac à main sur l'épaule gauche et le cabas dans la main droite, elle part faire le marché. Elle porte un petit costume bleu marine et un chemisier gris en satin. Ses jolies boucles d'oreille dansent au rythme de ses petits pas rapides et légers. Son téléphone sonne.

- Allô ?
- Bonjour Émilie, c'est Catherine ! Ça va ?
- Oui, ça va et toi ?
- Ça va, très bien même. Je viens de recevoir l'appel d'une société de production. J'ai un casting à Deauville.
- Ah ! C'est chouette ! Je suis très contente pour toi !
- Merci ! Je suis au septième ciel ! Le seul petit problème c'est que **d'habitude**[2], le samedi matin, j'ai un petit boulot. Je vais faire les courses pour une dame. Et... euh... je voulais te demander... euh... si... .

- J'ai compris, Catherine. Ne t'inquiète pas. Je **m'en occup**[3]. Je suis à Paris ce week-end.
- Ce casting est important pour moi. Tu comprends ?
- Pars à Deauville tranquille, je te **remplace**[4]. Dis-moi simplement ce que je dois acheter et où je dois aller.
- C'est vraiment très sympa de ta part ! Je t'envoie un **texto** avec la liste des courses et l'adresse de Madame

Giraud. Le marché où je fais toujours ses courses, c'est celui de la rue des Batignolles. Merci beaucoup Émilie et salut !
- Je t'en prie. **À quoi ça sert les amis ?**[5] Bonne chance ! Salut !

Émilie part faire les courses de Madame Giraud. Comme indiqué dans le texto de Catherine, Émilie précise à la bouchère :
- ... et c'est pour Madame Giraud !
- Ah, c'est vous qui faites les courses pour elle aujourd'hui ? Elle n'est jamais contente cette Mme Giraud, dit la bouchère **à voix basse**[6]. Émilie ne prête pas vraiment attention à cette remarque. Voilà, ça fait 25 €, Madame... et bon courage !
Émilie cherche maintenant le marchand de fruits et légumes.
- Belle journée, n'est-ce pas, Madame ? Vous voulez deux beaux **melons de Cavaillon** ? Ils sont **en promotion**[7] aujourd'hui.
- Non merci, Monsieur. Je fais les courses pour une dame et... je voudrais un kilo de haricots fins et une barquette de fraises bien rouges, s'il vous plaît.
- Ah, vous faites les courses pour Madame Giraud. Ça fait longtemps qu'elle n'est plus venue nous embêter !

Émilie ne comprend pas **les allusions**[8] des commerçants, elle trouve cela très désagréable. Pourtant Catherine ne lui a rien dit. Elle doit encore passer chez la marchande de fromage qui est juste à côté.

1 **tirée à quatre épingles** – wie aus dem Ei gepellt
2 **d'habitude** – normalerweise
3 **s'occuper de qc.** – sich um etw. kümmern
4 **remplacer** – vertreten
5 **À quoi ça sert les amis ?** – Wozu hat man Freunde?
6 **à voix basse** – leise
7 **en promotion** – im Angebot
8 **l'allusion (f.)** – die Anspielung

- Un morceau de roquefort « pas trop gras » et un pot de crème fraîche, s'il vous plaît, Madame.
- Voilà, Madame. Ça fait 13,50€, s'il vous plaît. Ça ne doit pas être facile tous les jours…

Pour qui exactement fait-elle les courses ? Émilie ne se sent pas très bien. Elle ne peut pas **joindre**[9] Catherine au téléphone car son amie actrice est dans le train.

Émilie est arrivée devant l'immeuble de la Rue Mesnil. Elle a un peu peur, mais sonne quand même chez Madame Giraud.

Avant de monter les escaliers de l'immeuble, Émilie refait son chignon dans le miroir du hall d'entrée. Elle **toque**[10] à la porte. La dame ouvre et regarde Émilie **d'un air étonné**[11]. Émilie explique à Madame Giraud :

- Je m'appelle Émilie. Je remplace Catherine aujourd'hui. J'ai fait vos courses, Madame Giraud. La dame lui sourit chaleureusement. Émilie est surprise. Elle s'attendait à une femme désagréable.
- Je suis sa sœur, je m'appelle Marguerite. Ma sœur, Anne-Louise, habite au quatrième étage. Nous nous appelons toutes les deux Giraud. Au revoir, Émilie.

9 **joindre** – erreichen
10 **toquer à qc** – an etw. klopfen
11 **d'un air étonné** – mit einer überraschten Miene

- Au revoir, Madame. **Entre-temps**[12] la jeune femme a oublié sa peur de l'autre Madame Giraud. Elle monte au quatrième étage et toque à sa porte. La vieille dame ouvre.
- Bonjour Madame Giraud. Je m'appelle Émilie. Je remplace Catherine aujourd'hui. J'ai fait vos courses, Madame. Anne-Louise a un visage ridé et sévère, mais Émilie n'a pas peur d'elle.
- Catherine m'a appelée tout à l'heure, je **suis au courant**[13]. Entrez, Émilie, je vous en prie. La cuisine est au fond du couloir à droite. Suivez-moi, s'il vous plaît. Émilie traverse le bel appartement parisien. Il est décoré avec beaucoup de goût. Il y a de beaux tableaux, une belle commode et de jolies lampes. Elle dépose les courses dans la cuisine, met les produits frais au **réfrigérateur** déjà assez plein, puis va rejoindre Madame Giraud qui l'attend au salon. Émilie décide de ne pas juger cette vieille dame sur l'expression de son visage. « Chacun sa vie. Après tout, si cette dame semble stricte et **exigeante**[14], c'est son droit. Qui sait ? Et puis, cela n'a rien à voir avec moi », pense Émilie. Les deux femmes discutent un peu autour d'une tasse de café et de petits biscuits. Très aimable, Madame Giraud ne sourit pas beaucoup. Elles passent un petit moment ensemble. Puis Émilie se lève pour aller faire ses courses sur un autre marché.
   - Merci beaucoup Émilie. À une autre fois peut-être. Au revoir.
   - Au revoir, Madame Giraud. Bon dimanche.

der Kühlschrank

der Griff

la poignée

Arrivée à la maison, Émilie appelle son amie Catherine.

- Allô Catherine ? Alors ça s'est passé comment ton casting ?
- C'est formidable, j'ai été **sélectionnée**[15].
- **Félicitations**[16], Catherine ! Il faut fêter ça !
- Tout à fait ! Et en plus, j'ai appris plein de choses. Merci de m'avoir remplacée ! Et, toi ? Comment ça s'est passé ?
- Très bien. Moi aussi, j'ai appris quelque chose.
- Et quoi donc ? Émilie raconte à son amie.
- Après les remarques des commerçants du marché, j'avais peur d'aller chez ta Madame Giraud. Et puis finalement, j'ai décidé d'oublier ce qu'ils avaient dit. Et puis je ne voulais pas juger une dame que je ne connais pas. Surtout pas une de tes clientes. Et tout s'est bien passé.
- T'es super, merci. Allons fêter cette journée pleine de succès, Place Clichy !
- Très volontiers, à 20 h 00 ?
- C'est parfait, à tout à l'heure. Tu me raconteras en détail ton nouveau rôle.
- Justement, c'est l'histoire d'une femme qui oublie sa peur.

12 **entre-temps** - in der Zwischenzeit
13 **être au courant** - Bescheid wissen
14 **exigeant(e)** - anspruchsvoll
15 **sélectionner** - auswählen
16 **félicitations (f., pl.)** - Glückwünsche

13 DANS LA VILLE ROSE

Mercredi 6 août, 18 h 15, gare de Toulouse : Claire **fait les cent pas**[1]. Son t-shirt jaune lui colle à la peau. Ses joues roses sont brûlantes. Elle a l'impression d'attendre depuis une éternité, elle est très inquiète. Son téléphone sonne.

– Allô Claire, ma chérie. Je suis désolé.

Elle est heureuse d'entendre la voix de son mari.

– Matteo, mon amour, tout va bien ?
– Oui ! Excuse-moi, s'il te plaît. Il m'est arrivé quelque chose d'extraordinaire et je n'ai pas vu le temps passer.

Elle est **soulagée**[2], elle oublie aussitôt son stress.

– On prendra le prochain train, ce n'est pas grave.
– Merci. Je t'aime, Claire. Je te raconterai tout.
– Je vais **me détendre**[3] au bord du Canal du Midi en face de la gare. Bise.
– D'accord. À tout de suite. **J'ai hâte de**[4] tout te raconter. Je t'embrasse.

Mercredi 6 août, 12 h 00, aéroport de Toulouse :

– Toulouse ! Enfin, je vais découvrir cette ville, dit Claire.
– Il fait beau ici ! dit son mari Matteo, un bel Italien qui adore le soleil, la chaleur et les belles couleurs du sud.

Dans les couloirs de l'aéroport, Matteo regarde avec beaucoup d'attention les très grandes photographies des plus beaux sites de la région Midi-Pyrénées. Ils sont à Toulouse pour la première fois. Avant de continuer leur voyage, ils vont y rester quelques heures.

Dans la navette qui transporte les voyageurs vers la gare, Claire demande au chauffeur :

– Bonjour Monsieur. Pour aller à la place du Capitole, **où devons-nous**[5] descendre, s'il vous plaît ?

Le chauffeur de bus explique bien deux fois le chemin à Claire. La jeune femme le remercie.

Matteo observe la ville dont presque toutes les façades des maisons sont en briques rouges. Claire compte les stations.

– On descend à la prochaine ! dit Claire.

D'un regard, elle dit merci et au revoir à l'aimable chauffeur.

Claire et Matteo arrivent bientôt place du Capitole. Quelques bancs sous de grands arbres invitent à s'assoir et à contempler une fontaine où des petits Toulousains jouent ensemble. Cet endroit plaît à Matteo :

– J'aimerais t'attendre ici, sur un banc à l'ombre.

– D'accord. Moi, je vais retrouver Charlotte. Elle m'a envoyé un **texto**[6], elle m'attend déjà. ».

Claire se recoiffe et passe du

1 **faire les cent pas** – auf und ab gehen
2 **soulagé(e)** – erleichtert
3 **se détendre** – sich entspannen
4 **avoir hâte (de faire qc.)** – kaum erwarten können, etw. zu tun
5 **où devons-nous (...) ?** – wo müssen wir (...)?
6 **le texto** – die SMS

rouge sur ses lèvres. Elle est prête pour aller retrouver son amie d'enfance.

– À plus tard, chérie, amuse-toi bien.

Ils s'embrassent.

Il y a une très belle atmosphère sur cette place toulousaine. Matteo regarde les enfants s'amuser dans une fontaine. Petits et grands, de toutes couleurs de peau, jouent ensemble. Tous en maillot de bain, ils s'amusent, crient et sautent sous le doux soleil de Toulouse.

Des gens de toutes les générations se promènent ou se reposent sur cette belle place très vivante.

Un homme aux longs cheveux blancs **s'approche**[7] de Matteo.

– Est-ce que je peux m'asseoir ici, jeune homme ? demande le vieil homme d'une voix chaude.

Matteo accepte **en hochant de la tête**[8] et en lui souriant. Assis l'un à côté de l'autre, les deux hommes **silencieux et paisibles**[9] apprécient la fraîcheur de l'air à l'ombre des vieux arbres. Au bout de quelques minutes, l'homme de 80 ans au visage brun et ridé demande à Matteo.

- C'est agréable ici, n'est ce pas ?
- C'est extraordinaire. Je me suis tout de suite senti bien ici. **C'est vivant et reposant à la fois**[10]. Il y a divers artistes qui ont peint ce type de scène. Il faut dire aussi que c'est très inspirant, les enfants qui jouent avec une telle légèreté.

7 **s'approcher de qn/qc –** sich jdm./etw. nähern
8 **hocher la tête –** mit dem Kopf nicken
9 **silencieux/silencieuse –** still
paisible – friedlich
10 **C'est vivant et reposant à la fois. –** Es ist lebendig und erholsam zugleich.

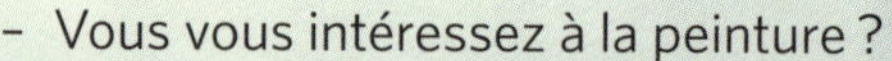

- Vous vous intéressez à la peinture ?
- Oui, je suis artiste peintre, répond Matteo.
- Quel drôle de hasard, moi, aussi. Quel type de peinture faites-vous ?

Les peintres discutent ensemble et très vite naît une sympathie commune. C'est un moment un peu magique pour les deux artistes. Le Toulousain parle de sa rencontre avec Picasso, qui avait presque 80 ans à l'époque. Lui, **débutait**[11].

- J'ai quelque chose à vous montrer, Matteo. Mon atelier est à deux pas.

der Pinsel

le pinceau

Matteo n'hésite pas une seconde et envoie rapidement un texto à sa femme : « J'ai fait la connaissance d'un peintre. On se retrouve à la gare à 18 heures. Je te raconterai. Je t'aime. »

« Vous voulez boire quelque chose ? Je peux vous faire un petit café ».

Matteo accepte. Il se promène dans l'immense atelier de son nouvel ami. Le jeune peintre regarde les toiles, les unes plus belles que les autres. Il est **ému**[12] : les couleurs vives, pleines de lumière...

Une bouteille d'**armagnac**[13] dans une main et un petit tableau dans l'autre, le peintre dit à Matteo : « Asseyez-vous, s'il vous plaît » et lui montre une petite toile.

- C'est un Picasso. Pablo me l'a offert il y a 54 ans. Sa rencontre a **bouleversé**[14] ma vie à l'époque. J'avais 26 ans, comme vous aujourd'hui et Pablo était déjà un vieil artiste comme moi maintenant. C'est la première fois que Matteo a un Picasso dans ses mains. Il ne dit rien. Le vieux peintre montre une de ses toiles au jeune peintre.
- Matteo, j'aimerais vous offrir cette toile. Qui sait ? Peut-être qu'elle aura de la valeur un jour ? Il sourit.
- Elle est très belle. Pour moi, elle a déjà beaucoup de valeur. Merci beaucoup, c'est un très beau cadeau.

Dans l'émotion du moment Matteo pense à Claire.

- Mince ! Quelle heure est-il ? Déjà 18 h 15 ?

Matteo prend son téléphone et appelle Claire.

11 **débuter** - anfangen
12 **ému(e)** - gerührt
13 **armagnac** - Branntwein aus der Gascogne
14 **bouleverser** - völlig verändern

14 LE VIN BLEU DE MONSIEUR DUPONT

« La mer qu'on voit danser le long des golfes clairs
a des reflets d'argent… »

De bonne humeur[1], Lucien Dupont, 50 ans, chante et boit son bol de **chicorée**[2].

Il s'est mis sur son 31[3] et porte un costume en lin blanc et une chemise en soie bleue.

Le voilà en route pour Frontignan au volant de sa vieille camionnette. Sur son chemin préféré, le long des champs de lavande, Lucien chante.

Comme tous les ans, le bel homme, négociant en vin, tient un stand à la fête du 14 juillet de Frontignan. Ici tout le monde se connait et se fait la bise. Lucien met une belle nappe blanche brodée sur la planche de son stand, y dépose les verres et les remplit. À gauche le vin rouge, au milieu le vin blanc et à droite le vin bleu !

Son vin bleu est réservé aux enfants. Il est même gratuit pour les petits qui participent à la **course en sac**.

- Bonjour Pépé ! dit Iris.
- Comme tu es jolie dans ton costume de **majorette** ! dit Lucien.
- Tu me regardes, n'est-ce pas ? On va bientôt commencer.
- Bien sûr, ma belle.

L'atmosphère est festive. La fanfare se met en place. Les majorettes sont prêtes. Iris est **au premier rang**[4]. Ses bottes blanches marchent en rythme et sa petite robe bleue en satin luit au soleil. Elle **fait virevolter**[5] à merveille son bâton métallique. Lucien est très fier de sa petite fille.

1 **de bonne humeur –** gut gelaunt
2 **la chicorée –** der Malzkaffee
3 **il s'est mis sur son 31** (Redewendung) – er hat sich schick gemacht
4 **au premier rang –** in der ersten Reihe
5 **faire virevolter –** umherwirbeln lassen

- Bravo, Iris, bravo !

Comme chaque année, la journée passe très vite. Le soir, tout le monde se retrouve au bal sur la place de la mairie pour voir le **feu d'artifice**.

Une femme brune aux yeux turquoise s'adresse à Lucien :

- Vous êtes Monsieur Dupont ?
- Oui, et vous, qui êtes-vous ?
- Je m'appelle Rose. Je suis passée devant votre stand cet après-midi. Comment avez-vous eu l'idée de créer le vin bleu ?

Lucien explique à Rose :

- C'était pour la fête nationale il y a quelques années. Comme je vends du vin rouge et du vin blanc, j'avais besoin d'une boisson bleue pour avoir les couleurs du drapeau français sur mon stand. Alors, j'ai créé une eau bleue transparente à base de produits naturels, de lavande et de myrtilles que j'ai

appelée le vin bleu.

- Vous êtes très créatif ! Mon grand-père grec me racontait quand j'étais petite qu'il appelait la mer « le vin bleu ».
- C'est très surprenant ! Je ne suis jamais allé en Grèce. Un jour peut-être, qui sait...? Puis-je vous inviter à danser cette **java**[6] ? demande Lucien à Rose.
- Avec plaisir !

Ils font quelques pas de danse ensemble.

- C'était un plaisir de danser avec vous, Lucien.
- Tout le plaisir a été pour moi.
- Au revoir, Monsieur « vin bleu » !
- Au revoir, Madame Rose.

La fête est terminée. Lucien rentre chez lui.

la majorette

das Funkenmariechen

das Feuerwerk

le feu d'artifice

6 **la java –** für den „bal musette" typischer Tanz

Quelques jours plus tard...
« Encore quelques herbes de Provence et **le tour est joué**[7] » !
Monsieur Dupont est en train de se préparer une bonne ratatouille quand le téléphone sonne.

- Allô ?
- Bonjour, Monsieur Dupont. Je m'appelle Christophe Garnier. Nous avons parlé ensemble la semaine dernière à la fête du 14 juillet. Vous m'avez donné votre numéro de téléphone. Vous **vous souvenez**[8] de moi ? Monsieur Dupont le reconnaît tout de suite à son **accent pointu**[9].
- Très bien, oui. Bonjour Monsieur. Que puis-je faire pour vous ?
- Et bien voilà, je souhaite vous rencontrer pour vous parler d'une idée.
- Ah bon ?
- Oui, j'aimerais vous inviter à déjeuner.
- C'est très gentil, ça. J'accepte volontiers.

Lucien adore manger au restaurant.

- **Quel jour vous arrangerait**[10] ?
- Mardi ou vendredi, c'est comme vous voulez.
- Très bien, alors on dit mardi vers midi au restaurant en face de la poste.
- C'est parfait, très bien. À mardi alors.
- À mardi, Monsieur Dupont.

Toujours très élégant, Lucien Dupont va à son rendez-vous.
Au moment du dessert, Monsieur Garnier explique à Monsieur Dupont :

- Voilà, j'aimerais travailler avec vous. Votre idée du vin bleu me plaît beaucoup parce que je travaille dans la branche des boissons non alcoolisées.

Voulez-vous **commercialiser**[11] votre vin bleu ?

- Pourquoi pas. Mais vous savez, **je ne m'y connais pas**[12] en marketing, dit Lucien.
- Justement ! Moi, je m'occuperais de la **distribution**[13] et vous, vous seriez responsable de la fabrication. Bien sûr cette boisson doit rester à base d'ingrédients naturels. On pourrait aussi mettre votre portrait sur l'étiquette. Qu'est-ce que vous en pensez ? demande Christophe Garnier.
- Les enfants adorent mon vin bleu et je suis certain que ça va marcher, répond Lucien.

Les deux hommes se mettent d'accord et très vite le vin bleu de Monsieur Dupont est **lancé**[14] sur le marché.

Lucien gagne suffisamment d'argent maintenant pour réaliser un de ses rêves. Depuis qu'il a rencontré Rose le 14 juillet dernier, il veut voir la mer que le grand-père de Rose appelait « le vin bleu ». Pour les vacances de Pâques, il décide de faire un voyage en Grèce au bord de la mer.

7 **le tour est joué** (Redewendung) – die Sache ist geritzt
8 **se souvenir de qn/qc** – sich an jdn./etw. erinnern
9 **accent pointu** (m.) – akzentfreie Aussprache, die man in Südfrankreich der Pariser Bevölkerung nachsagt
10 **Quel jour vous arrangerait ?** – Welcher Tag würde Ihnen passen?
11 **commercialiser** – vermarkten
12 **je ne m'y connais pas** – ich kenne mich damit nicht aus
13 **la distribution** – der Vertrieb
14 **lancer** – (hier:) auf den Markt bringen

das Fenster (im Flugzeug)

Dans l'avion...

- Vous préférez vous asseoir à côté du **hublot**, Madame ?

demande Lucien Dupont toujours très galant.

- Je vous reconnais, vous êtes Lucien « Vin bleu » ! Quelle coïncidence ! Que faites-vous dans cet avion ?
- Bonjour Rose. Et bien, vous m'aviez parlé de la mer grecque. Alors je **m'offre**[15] ce voyage.
- Comme c'est amusant de se retrouver ici, vous ne trouvez pas ?

Rose et Lucien discutent ensemble. Lucien raconte que son vin bleu est en vente dans toute la France et Rose parle de sa petite enfance en Grèce. Elle **finit par dire**[16] à Lucien :

- J'ai une maison au bord de la mer, si vous voulez, vous pouvez habiter chez moi. C'est assez grand pour deux personnes.

Lucien accepte. Le soir, la tête dans les étoiles et les pieds dans la mer... ou plutôt dans le vin bleu, les deux nouveaux amis chantent la belle chanson de Charles Trenet :

« La mer qu'on voit danser le long des golfes clairs
a des reflets d'argent... »

15 **s'offrir qc –** sich etwas gönnen
16 **finir par dire –** schließlich sagen

15 UN PANIER BIO ET UN BRIE DE MEAUX

Ce dimanche, Caroline et Stéphane vont **donner un coup de main**[1] à la ferme de Rémi. Ils habitent à Ménilmontant, un quartier populaire de l'est de Paris, et sont membres depuis 2005 de l'**AMAP (Association pour le Maintien d'une Agriculture Paysanne)**[2] de Tournan-en-Brie, à cinquante kilomètres de Paris. Tournan est une ville de la « grande **banlieue**[3] », mais c'est aussi déjà la campagne. Ils ont beaucoup aidé Rémi la première année, puis ils ont moins participé à la vie de l'association. En 2005, c'était vraiment le début en France... En Allemagne le système existe depuis les années 70 ! Caroline et Stéphane se sentaient un peu des pionniers...

Chaque semaine, ils vont chercher leur panier bio dans une boutique au coin de leur rue. C'est leur façon de se sentir « engagés ». C'est important pour eux d'aider les producteurs de la région. Caroline et Stéphane sont en bonne santé, ils ont

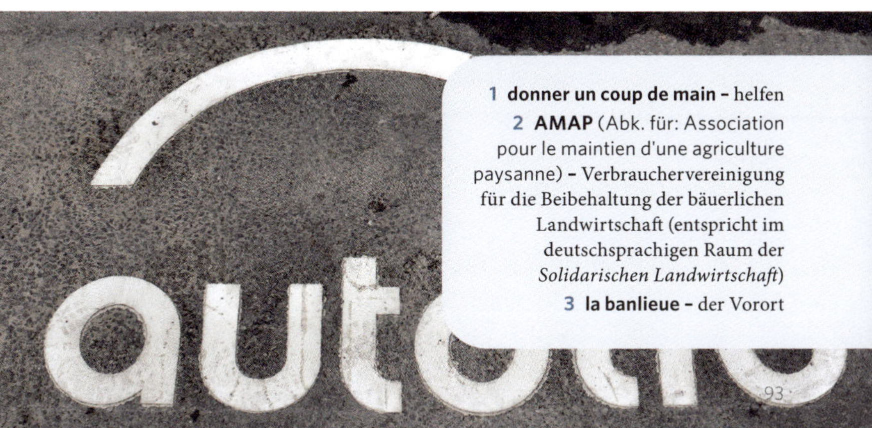

1 **donner un coup de main** – helfen
2 **AMAP** (Abk. für: Association pour le maintien d'une agriculture paysanne) – Verbrauchervereinigung für die Beibehaltung der bäuerlichen Landwirtschaft (entspricht im deutschsprachigen Raum der *Solidarischen Landwirtschaft*)
3 **la banlieue** – der Vorort

beaucoup d'amis sur Facebook, ils sont jeunes et beaux. Ils appartiennent à ce groupe de gens qu'on appelle « les Bobos ». Les Bobos, ça vient de « bourgeois-bohèmes ». Ils ont une vie confortable et ne manquent pas d'argent.

Mais revenons à nos paniers bio !

Caroline et Stéphane ont choisi d'aller donner leur coup de main à la ferme ce dimanche, mais il pleut. Et il ne pleut pas un peu : **il pleut des cordes**[4] !

die Gummistiefel

Caroline et Stéphane n'ont pas de **bottes en caoutchouc**. Ils n'ont pas de voiture. Ils vivent dans Paris **intra muros**[5] et ne sortent pas souvent de la ville.
Depuis deux ans, ils voient de plus en plus de stations d'**Autolib'**[6] autour de chez eux, mais ils pensent que ce n'est pas pour eux. Peut-être pour aller chez Ikéa... ? Pourtant, aujourd'hui, ils vont s'abonner à Autolib'. Ce n'est pas facile, c'est un peu long, mais ils y arrivent.

Les voilà partis. Il est déjà un peu tard. Caroline et Stéphane n'ont pas de carte routière. Quand on habite Paris intra muros, on n'a pas besoin de carte, un plan de **métro**[7] suffit. Ils n'ont pas de **GPS**[8] évidemment. La ferme de Rémi est en dehors de Paris, et il faut traverser cette zone chaotique et **inquiétante**[9], la banlieue. Et on se perd facilement en banlieue ! Avant de partir ils ont regardé sur Googlemap où se trouve Tournan-en-Brie, et y arriver leur semblait très facile. C'est beaucoup plus dur quand il faut y aller en vrai ! Et Caroline et Stéphane se perdent.

Au bout de deux heures, la voiture se met soudain à faire des bip, des bip de plus en plus forts. bip... biP... bIP.. BIP... Caroline et

Stéphane ne sont pas inquiets. Non… Il ne leur arrive jamais rien.

La voiture s'arrête maintenant complètement. Stéphane n'a pas eu le temps de se mettre sur le côté de la route. Il **bloque la circulation**[10]. Les batteries sont vides, et oui, c'est une voiture électrique ! C'est un détail un peu trop technique pour Stéphane et Caroline. Autolib', bien sûr ils savaient ce que c'est. Mais ils n'ont pas compris qu'elles sont électriques, ces voitures, enfin ils n'ont pas compris qu'elles ont des batteries et qu'il faut les **recharger**[11].

Caroline et Stéphane ne savent pas où ils sont. Dans la banlieue, très souvent, on ne sait pas où on est.
Une **borne**[12] ? Ils doivent trouver une borne ?? Une borne Autolib' ! Ils demandent quand ils ne savent pas faire une chose, il y a toujours quelqu'un pour la faire pour eux. Mais là, personne ne va les aider. Car ici, personne n'a entendu parler des Autolib'.
- Des voitures électriques ? Vraiment ?
- À Paris ?? … Vous savez, cela fait plusieurs années que je ne suis pas allé à Paris. Les Vélib' je connais, mais je n'ai jamais entendu parler de vos voitures en plastique automatiques.

Caroline commence un peu à s'inquiéter. Alors elle appelle sa mère. Sa mère, elle ne les connaît pas plus, les Autolib', mais elle la rassure, sa grande fille de vingt-neuf ans.
- Oui, il y a un numéro de téléphone dans la voiture !
- Est-ce qu'on a appelé ??
- Ah… Non, on n'a pas appelé !

4 **il pleut des cordes** – es regnet Bindfäden / in Strömen
5 **intra muros** – innerhalb der Stadt
6 **Autolib'** – öffentliches Carsharing-Angebot
7 **le métro** – die U-Bahn
8 **le GPS** – das Navi
9 **inquiétant(e)** – beunruhigend
10 **bloquer la circulation** – den Verkehr behindern
11 **recharger** – wieder aufladen
12 **la borne (électrique)** – die Ladestation

Stéphane, lui, est sur son iPhone… Il regarde sur des forums si les batteries Autolib' peuvent se recharger **ailleurs qu'**[13] à Paris… Eh non ! Toutes les bornes se trouvent dans Paris.

Le dimanche, ce n'est pas très facile de **se faire dépanner**[14] par les hommes d'Autolib'. Mais c'est possible ! On explique à Caroline et Stéphane qu'ils ne peuvent pas aller jusque Tournan et rentrer à Paris : la batterie n'a **pas assez d'autonomie**[15].

Le **RER**[16], heureusement, ne passe pas loin : les voilà redevenus piétons ! À la gare de Tournan-en-Brie, ils doivent maintenant trouver la ferme de Rémi ! Il est treize heures et Caroline et Stéphane vont déjeuner au Café de la Place. Le dimanche tout est fermé : on n'est pas à Paris ! Au Café de la Place, le menu propose bien des sandwichs mais le dimanche, ce n'est pas possible car il n'y a pas de pain : toutes les boulangeries de Tournan sont fermées. Si ils veulent, la patronne peut leur faire une omelette.

- Vous voulez une omelette ?
- Une omelette à la **ciboulette** ! C'est possible ?

der Schnittlauch

Caroline et Stéphane s'installent en terrasse. Il n'y a que des vieux ici et tout le monde les regarde : Parisiens et Bobos, c'est écrit sur leur visage, c'est la première fois qu'ils sentent ça très fort. Ils n'avaient jamais pensé à cela : ils n'aiment pas. Ils se sentent **menacés**[17]. L'omelette **tarde à**[18] arriver, est-ce qu'on les a oubliés ? Pas du tout, et elle est vraiment bonne, cette omelette à la ciboulette !

Espresso mit wenig Milch

– Vous nous apporterez un café serré et une **noisette** s'il vous plaît ?

Et les voilà repartis... On leur indique une route, cette fois Caroline et Stéphane sont arrivés ! Ou presque... Ce n'est pas du tout la ferme de Rémi ! Ils ne reconnaissent rien. Quand ils arrivent, enfin, à la ferme, les autres Amapiens rentrent des champs : la journée est finie. Caroline et Stéphane sont arrivés **après la bataille**[19] ! De toute façon, Rémi les avait appelés pour venir le plus vite possible ramasser les oignons avant la pluie. Et ce matin c'était déjà trop tard : c'était hier qu'il fallait venir !

Rémi a installé une grande table devant la ferme et il a sorti des bouteilles de vin et du fromage. Du fromage de Brie. Caroline et Stéphane ne sont pas venus pour rien !

13 **ailleurs que** – woanders als
14 **se faire dépanner** – den Pannendienst kommen lassen
15 **pas assez d'autonomoie** – nicht genügend Reichweite
16 **le RER** – Pariser Expressbahnnetz / S-Bahn
17 **menacé(e)** – bedroht
18 **tarder à arriver** – auf sich warten lassen
19 **après la bataille** – Ausdruck für „zu spät" (wörtlich „nach der Schlacht")

16 CULTURE ET CUISINE

- Mais pourquoi est-ce que tu fais cuire les pommes de terre avant ? Tu sais, dans la recette traditionnelle, on ne fait pas comme ça, dit Gaël.

Mathilde, sa femme, lui répond avec tempérament :

- Sors de la cuisine ! Ne viens pas **mettre ton grain de sel**[1] dans ma façon de cuisiner, s'il te plaît. **Occupe-toi**[2] de l'apéritif au salon. Matthieu et sa copine vont bientôt arriver.

Gaël travaille toute la semaine dans son propre restaurant. Il a rarement envie de cuisiner en dehors de son travail. À la maison, c'est généralement sa femme qui **prend le relais**[3].

Matthieu, le petit-frère de Mathilde, **bouquine**[4] allongé dans sa chambre universitaire. Sabina, sa copine allemande, révise son vocabulaire de français.

- Qu'est-ce qu'elle fait, ta sœur ? demande Sabina.
- Elle va sans doute nous faire un **gratin dauphinois**. C'est délicieux ! répond Matthieu.
- Non, je veux dire ce qu'elle fait dans la vie ?
- Ah ! J'ai faim et je pense déjà au déjeuner, excuse-moi. Mathilde ? Elle est dans l'équipe qui organise un festival de musique à Grenoble. Elle

kulinarische Spezialität mit Kartoffeln aus der Region le Dauphiné.

s'occupe de la programmation et de l'organisation.

- C'est un **chouette boulot**[5], ça !
- Ouais, c'est vrai !
- On y va ! Moi aussi, j'ai faim.

Sabina et Matthieu **se mettent en route**[6].

- On prend les vélos ? propose Sabina.
- Bonne idée ! Allez, c'est parti !

Il fait encore jour. Ils passent l'Isère, le fleuve qui traverse Grenoble. Sabina adore cette ville et regarde tout autour d'elle. Arrivés rue Saint Laurent, ils **accrochent**[7] leurs vélos dans la cour et montent à l'appartement. Sabina est impatiente de faire la connaissance de Mathilde.

- Salut ma soeur ! Je te présente Sabina.

Mathilde l'accueille avec un grand sourire et dit :

- Salut Sabina, ici on fait deux bises.

Mathilde aime recevoir du monde à manger.

- Venez Sabina, je vais vous faire visiter notre appartement. Voici la cuisine !
- Hmm, ça sent bon ! dit Sabina.
- Merci, je vous ai préparé un gratin dauphinois, une spécialité de la région... Là, c'est la salle de bains. Ici, la chambre à coucher. Et là c'est notre salle de séjour avec **un coin**[8] salle à manger et un coin salon.
- C'est très confortable chez vous !
- Merci Sabina.
- Mettez-vous au salon, nous allons prendre l'apéritif, dit Gaël.
- On vous a apporté une petite bouteille de vin blanc, tu veux peut-être la mettre au frais ? propose Matthieu.

1 **mettre son grain de sel -** seinen Senf dazugeben
2 **occupe-toi -** kümmere dich um
3 **prendre le relais -** übernehmen
4 **bouquiner -** lesen
5 **un chouette boulot -** ein toller Job
6 **se mettre en route -** sich auf den Weg machen
7 **accrocher -** anschließen
8 **le coin -** die Ecke

- C'est très gentil, merci Matthieu. Allez ! Crémant pour tout le monde ! Ce n'est pas tous les jours qu'on fait connaissance de sa future **belle-sœur**[9] ! dit Gaël.
- **Trinquons**[10] à la famille ! dit Mathilde. D'où venez-vous exactement en Allemagne?
- Je suis née à Stendal en Saxe-Anhalt, c'est à environ 100 kilomètres à l'ouest de Berlin, où je viens de m'installer.
- Vous dites Stendhal, comme l'écrivain ?
- La ville s'écrit sans h. Stendhal y a habité. Il s'est inspiré du nom de cette ville pour créer son pseudonyme. Stendal et Grenoble sont **jumelées**[11]. Il y a beaucoup d'échanges entre les deux villes.
- C'est très intéressant, je ne le savais pas.
- Vous faites aussi des études comme Matthieu ? demande Gaël à Sabina.

Die Hauptstadt der Region Dauphiné ist Grenoble.

die Brücke

Durch die Stadt fließt der Fluss Isère.

le pont

les Alpes - die Alpen
In der Nähe Grenobles gibt es mehrere alpine Gipfel über 3000 m.

- Non, j'ai fini mes études, je travaille dans une maison d'édition à Berlin maintenant.
- C'est sympa ça ! Et qu'est-ce que tu fais exactement ? demande Mathilde.
- En ce moment, je prépare un livre de cuisine végétalienne !
- C'est quoi exactement la cuisine végétalienne ? demande Gaël toujours très curieux.
- C'est une cuisine sans aucun produit animal.
- Cela veut dire sans fromage non plus ?
- Tout à fait, Gaël.
- Ça ne doit pas être facile de trouver des recettes...

la noix – die Walnuss
Bekannt ist Grenoble für seine Walnüsse, deren Bezeichnung **Noix de Grenoble** geschützt ist.

9 **la belle sœur** – die Schwägerin
10 **trinquer** – anstoßen
11 **la ville jumelée** – die Partnerstadt

- C'est ce que je pensais au début. Mais finalement, ce n'est pas un problème du tout.
- Décidément, **on en apprend tous les jours!**[12] dit Gaël.

Le gratin doit être prêt.

Il va dans la cuisine, revient et dit :

- **À la bonne franquette**[13]! Je mets le plat sur la table et chacun se sert !
- Ça a l'air bon ! dit Sabina. Mathieu dit à son amie :
- Pommes de terres, lait, crème, ail, noix de muscade, sel et poivre.
- Hmm ! chante Sabina.

Gaël réfléchit pendant qu'il mange et dit :

- Je me demande s'il y a des restaurants spécialisés dans la cuisine végétalienne.
- Absolument, Gaël. À Berlin, il y en a plusieurs. Le meilleur, c'est un Français en cuisine !
- Mathilde, ma chérie, j'aurais très envie d'aller à Berlin.
- Cela fait longtemps que nous avons envie d'y aller. Maintenant, nous avons deux bonnes raisons : Sabina et ce restaurant, dit Mathilde.
- Venez quand vous voulez !

Après ce **repas très bien arrosé**[14], Sabina et Matthieu décident de rentrer en taxi.

- Nous viendrons chercher nos vélos demain ! dit Matthieu.
- Merci beaucoup à vous deux pour cet excellent repas, dit Sabina.
- Bonsoir Messieurs-dames, dit le chauffeur de taxi qui écoute du jazz.
- Bonsoir, Monsieur. À la résidence Marie Curie, s'il vous plaît.
- J'ai beaucoup aimé le gratin dauphinois de ta sœur. Je l'ai trouvé meilleur que celui de ton copain, Félix.

- Je **parie**[15] qu'il met de l'œuf dans son gratin. Je ne sais pas pourquoi.

Le chauffeur de taxi éteint la radio et dit :

- **En tant qu'ancien cuistot**[16], je peux vous dire que... beaucoup de gens y mettent de l'œuf. Mais si vous ne lavez pas les pommes de terre, vous n'avez pas besoin d'œuf. **Grâce à l'amidon**[17] des pommes de terre, le lait et la crème **coagulent**[18] avec la chaleur. Si vous voulez goûter la vraie recette traditionnelle, allez place de Notre Dame. Ils font le meilleur gratin dauphinois de Grenoble.
- C'est le resto de mon beau-frère ! dit Matthieu.

Dimanche matin. Il est 10 heures, Matthieu dort encore. Sabina se promène le long de l'Isère. L'air est frais, le ciel est clair et elle voit bien les Alpes aujourd'hui.

La jeune femme réfléchit à une recette végétalienne de ce fameux gratin dauphinois, pour son livre, mais aussi pour Gaël et Mathilde quand ils viendront à Berlin. Elle a déjà une petite idée : « On pourrait remplacer la crème et le lait par de la crème à l'**épeautre**... Hmmm ! ».

der Dinkel

12 on en apprend tous les jours - man lernt nie aus

13 à la bonne franquette - ohne Umstände

14 un repas bien arrosé - ein Essen, bei dem reichlich Wein getrunken wurde

15 parier - wetten

16 En tant qu'ancien cuistot... - Als ehemaliger Koch ...

17 grâce à l'amidon - dank des Stärkegehalts

18 coaguler - gerinnen

17 SECRET INTIME

Vanessa **n'arrive pas à dormir**[1]. Elle rallume la lumière et reprend son roman. C'est sa grand-tante Hortense qui lui a donné le **goût de la lecture**[2]. Pendant les grandes vacances, elle lui lisait des histoires tous les soirs. Le jour, Vanessa jouait à la détective.

Hortense est morte hier dans son lit, un roman dans les mains, elle avait 87 ans. C'était une personne chaleureuse extraordinaire qui aimait la vie, sa seule famille.

La jeune femme est triste. Elle l'aimait et avait beaucoup de respect pour elle. Depuis qu'Hortense était **veuve**[3], elle lui rendait souvent visite le dimanche. Elles se racontaient tous leurs petits secrets et continuaient à se lire des histoires. Elle entend encore sa voix douce. Leur amitié lui **manque**[4] déjà.

Très tôt le matin, elle décide d'aller à Saint-Aubin-Celloville chez la **défunte**[5]. La maison est froide. Vanessa met de la musique, fait un feu de cheminée et boit un café bien chaud dans le fauteuil où elle l'écoutait. L'unique héritière doit s'occuper de la **succession**[6].

Pour se réchauffer et se changer les idées, elle met les livres de la grande **bibliothèque** dans des cartons.

Elle trouve une **boîte à chapeau** derrière une collection de livres de poche. Elle **hésite**[7] à l'ouvrir. « Qu'est-ce que c'est ? » Elle est **tiraillée**[8] entre sa curiosité et son respect pour Hortense. « Si elle a caché cette boîte, c'est pour que personne ne la voie. En même temps, je suis la seule héritière. Est-ce que Hortense y a pensé ? » **Son cœur bat la chamade**[9]. Elle lève le couvercle. C'est emballé avec amour. Elle prend l'objet des deux mains, **respire un bon coup et le déballe**[10]. C'est une très belle sculpture en marbre rose qu'elle n'a jamais vue : une femme sans tête qui lit

1 **ne pas arriver à dormir** - nicht schlafen können
2 **le goût de la lecture** - die Leselust
3 **la veuve** - die Witwe
4 **manquer** - fehlen
5 **la défunte** - die Verstorbene
6 **la succession** - die Erbschaft
7 **hésiter** - zögern
8 **tiraillé(e)** - hin- und hergerissen
9 **Son cœur bat la chamade.** - Ihr Herz schlägt bis zum Hals.
10 **...respire un bon coup et le déballe.** - ... atmet einmal tief ein und packt es aus.

allongée sur un divan. « Pourquoi Hortense a-t-elle caché cet objet ? » Il y a aussi quelques lettres sans enveloppes. Vanessa en lit une, ses mains tremblent. Elle est émue : Hortense a eu un amour secret. Il s'appelait Eugène, il tenait une boutique de vin à Rouen.

Sa curiosité naturelle grandit d'heure en heure. « Pourquoi la statuette est-elle sans tête ? Hortense me connait, elle sait que je suis curieuse. Que faire ? Après tout, c'est un secret. Elle ne m'en a jamais parlé. Oui, mais elle savait que je trouverais la statuette et les lettres. J'ai besoin de savoir. »
La boutique de vin d'Eugène, dont il parlait dans ses lettres à Hortense, n'est pas loin de la librairie où elle travaille.
À partir de maintenant, elle passe chaque soir devant cette boutique. C'est toujours le même jeune homme, un beau grand brun qu'elle observe à travers la grande vitrine. Il semble sympathique.
Ce soir là, Vanessa la détective **prend son courage à deux mains**[11]. Elle entre dans la boutique.
- Bonsoir, Madame !
Elle n'y va pas par quatre chemins[12].
- Bonsoir, Monsieur ! J'aimerais voir le flacon que vous avez en vitrine, s'il vous plaît. Vanessa montre du doigt l'objet qu'elle observe depuis des jours.

le tonneau

das Weinfass

- Je suis désolé, Madame. Mais il n'est pas à vendre.
- Est-ce que je peux tout de même voir le **capuchon**[13] de près, s'il vous plaît ?
- Oui, si vous voulez. Vous vous intéressez à la sculpture ? demande-t-il, très attentionné.
- Si on veut, répond-t-elle.

Elle regarde bien la tête de la liseuse.
- Mon grand-père était grand amateur de vin et d'art aussi. C'était à lui.

L'émotion de Vanessa **touche**[14] le jeune homme.
- Je m'appelle Marc. Enchanté. C'était sa boutique ici, je l'ai reprise.

Il lui serre la main.
- Vanessa.

Elle lui sourit.

Ils se regardent quelques secondes intensément. Quelque chose se passe entre eux.

Assise sur son canapé, la petite-nièce met de l'ordre dans ses pensées. Est-ce que le vendeur connait l'histoire de son grand-père ? Est-ce qu'elle va lui en parler ?

Le lendemain, Vanessa repasse à la boutique avec la sculpture dans son sac. Elle s'est faite très belle.

Bonsoir Monsieur, vous vous souvenez de moi ? Je suis passée hier.
- Oui bien sûr !

Marc est content de la revoir.
- J'aimerais vous montrer quelque chose. Est-ce possible ?

11 **prendre son courage à deux mains -** sich trauen
12 **ne pas y aller par quatre chemins -** keine Umschweife machen
13 **le capuchon -** der Verschluss
14 **toucher -** berühren

- Volontiers, oui, avec plaisir. Si vous voulez, nous pouvons allez prendre un verre ensemble dans la brasserie d'en face. Je voulais fermer la boutique de toute façon.
- D'accord, je vous attends là-bas.

Dans la brasserie, elle montre la sculpture à Marc.
- Je pense que la tête en marbre rose était à cette statuette. Elle **appartenait à**[15] ma grand-tante.
- J'ai trouvé cette tête dans la table de nuit de mon grand-père. Elle était importante pour lui, mais il ne m'a jamais raconté pourquoi. Je ne savais pas quoi faire avec, j'ai eu l'idée du capuchon.
- J'ai aussi retrouvé des lettres. Votre grand-père et ma grand-tante se connaissaient, dit-elle avec **pudeur**[16].
- Ils s'aimaient ? Il ne m'en a jamais parlé.
- Elle ne m'en a jamais parlé non plus. Ils ont tous les deux gardé cet amour secret toute leur vie.
- C'est très émouvant.

L'histoire d'Hortense et Eugène rapproche Vanessa et Marc. Ils sont **complices**[17] d'un secret. Au fil des heures, des verres de vin choisis et de calvados, Marc et Vanessa échangent leurs souvenirs d'enfance. Ils **se plaisent**[18] et n'ont plus tellement envie de se quitter ce soir là.
Ils se donnent rendez-vous le lendemain à la fermeture de la boutique.

Vanessa est radieuse. Marc semble amoureux.
- Marc, j'ai réfléchi toute la nuit et toute la journée. Je vais ouvrir ma librairie.
- C'est une très bonne idée, Vanessa. Je peux t'aider si tu veux.
- Pour commencer, je dois trouver un espace.

- Et bien, la boulangerie à côté de ma boutique vient de fermer. Je connais bien le propriétaire. Une seconde, je l'appelle.
- Allô, Monsieur Clément ? Bonsoir, c'est Marc. Une petite question. Est-ce que la boulangerie est encore à louer ?
- Oui, tout à fait, Marc. Vous voulez vous agrandir ? demande le propriétaire.

La question **anodine**[19] de Monsieur Clément a donné une idée à Vanessa et Marc qui va transformer leur vie. Ils discutent toute la nuit de la librairie-vinothèque qu'ils vont ouvrir ensemble.

- Et on créera un coin confortable où les gens pourront lire et boire un verre de vin tranquillement.
- Et on mettra la statuette de ma grand-tante et d'Eugène dans la vitrine. Elle pose sa tête sur son épaule, il lui prend la main.

Ils y sont déjà.

15 **appartenir à qn** - jdm. gehören
16 **la pudeur** - das Feingefühl; die Scham
17 **complice** - verständnisinnig
18 **se plaire** - sich mögen
19 **anodin(e)** - unbedeutend

Zahllose Reisende strömen jedes Jahr nach **Rouen** und dabei auch zum **Place du Vieux-Marché**. Der historische Platz mit seinen vielen Fachwerkhäusern ist auch bekannt als **Place Jeanne d'Arc**. Die französische Nationalheldin wurde hier, nachdem sie dem französischen Thronfolger gegen die Engländer zum Sieg verholfen hatte, später infolge eines von den Engländern angestrengten Inquisitionsprozesses gefoltert und schließlich am 30. Mai 1431 lebendig verbrannt.

Heute wird Jeanne d'Arc von der römisch-katholischen Kirche als Märtyrerin, Jungfrau und Heilige verehrt.

Ein berühmtes Kind der Stadt ist der Schriftsteller **Gustave Flaubert**, dessen berühmtester Roman **Madame Bovary** teilweise in Rouen spielt.

Rouen trägt aufgrund seiner mächtigen Kathedrale und seiner vielen Kirchen auch den Beinamen **die Stadt der 100 Kirchtürme**. Der Turm der Kathedrale ist mit seinen 151 Metern der höchste Europas.

Übrigens gilt Rouen seit 2003 als kinderfreundlichste Stadt Frankreichs.

18 GÉRARD ET LES AUTRES

23 heures sur l'autoroute.

- **Mais avance, enfin !**[1] crie Gérard agressif dans son quatre-quatre.
- Gérard, fais attention, s'il te plaît, on va avoir un accident si tu roules trop vite, dit Marianne gentiment, assise à côté de son mari.

Gérard ne répond pas.

Leurs deux filles, Cloé, 17 ans et Susanne, 13 ans essaient de dormir. Ils vont traverser la France d'est en ouest, comme chaque année au mois d'août. 791 kilomètres séparent Besançon de Saint-Nazaire. C'est leur départ en vacances mais l'atmosphère est tendue dans la voiture qui tire la caravane.

Gérard, 40 ans, n'est pas méchant mais il a un caractère rigide. Il désire tout contrôler. Ce qu'il ne connait pas représente une **menace**[2] pour lui : d'ailleurs, il passe ses vacances sur le même terrain de camping depuis qu'il a rencontré sa femme.

Il est environ 8 heures du matin. La grosse voiture se gare sous les grands pins parasols du terrain de camping.

Gérard et Marianne ont l'habitude de monter l'**auvent**[3] devant la caravane, ils seront vite installés.

Gérard jette immédiatement un œil sur la **plaque d'immatriculation**[4] de ses nouveaux voisins de camping. Mais il ne connait pas le 59 et demande à Marianne :

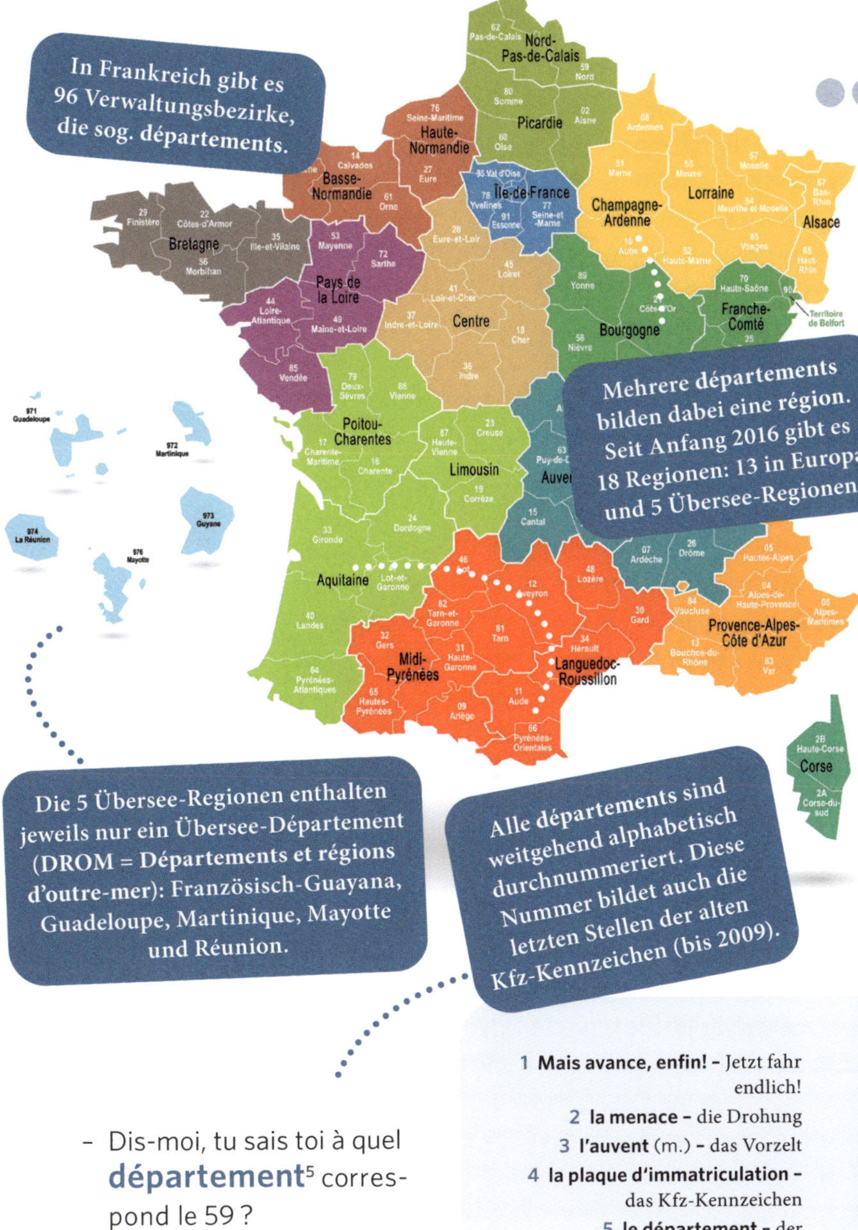

In Frankreich gibt es 96 Verwaltungsbezirke, die sog. départements.

Mehrere départements bilden dabei eine région. Seit Anfang 2016 gibt es 18 Regionen: 13 in Europa und 5 Übersee-Regionen.

Die 5 Übersee-Regionen enthalten jeweils nur ein Übersee-Département (DROM = Départements et régions d'outre-mer): Französisch-Guayana, Guadeloupe, Martinique, Mayotte und Réunion.

Alle départements sind weitgehend alphabetisch durchnummeriert. Diese Nummer bildet auch die letzten Stellen der alten Kfz-Kennzeichen (bis 2009).

– Dis-moi, tu sais toi à quel **département**[5] correspond le 59 ?

1 **Mais avance, enfin!** – Jetzt fahr endlich!

2 **la menace** – die Drohung

3 **l'auvent** (m.) – das Vorzelt

4 **la plaque d'immatriculation** – das Kfz-Kennzeichen

5 **le département** – der Verwaltungsbezirk

Moules-frites (Miesmuscheln mit Pommes) ist ein beliebtes Gericht in Nordfrankreich & Belgien.

- C'est le Nord, je crois ! répond Marianne.
- Tiens, des mangeurs de **moules-frites** ! dit Gérard.
- Qu'est ce que tu dis ? demande Marianne.

Il ne répond pas.

Gérard s'énerve tout seul parce qu'une roue de la voiture de ses voisins dépasse sur son emplacement. **Il parle dans sa moustache**[6]:

- Mais pour qui ils se prennent, ceux-là ? Je ne ferais jamais ça, moi ! **Quel culot !**[7]

Pour se calmer Gérard va courir sur la plage.

Marianne, elle, va chez le coiffeur prendre rendez-vous, puis va s'inscrire à son cours de yoga. Cloé et Susanne vont manger une glace et faire un tour de **balançoire**[8].

- Mesdames et Messieurs, votre attention, s'il vous plaît. France Météo annonce une tempête dans la Loire-Atlantique. La direction du camping vous demande de plier et de mettre en sécurité vos chaises et vos tables ainsi que tous les objets légers. Contrôlez bien également si vos tentes sont parfaitement fixées, annonce un employé du camping à travers un mégaphone.

Il fait le tour du camping pour prévenir tous les campeurs.

Susanne et Cloé sautent de la balançoire et courent vers leur caravane.

- Venez les filles, aidez-moi, s'il vous plaît, à mettre tout ça dans le coffre de la voiture, dit Gérard à Susanne et Cloé.
- Il faut aussi fixer mieux l'auvent. Allons demander de la ficelle aux nouveaux voisins, dit Cloé.

- Je ne les connais pas, on va **se débrouiller**[9], répond Gérard.

Un garçon s'approche de Susanne.

- Bonjour ! J'ai trouvé ce porte-monnaie par terre. Il est tombé de ta poche quand tu as couru.
- Merci, c'est gentil. Je m'appelle Susanne et toi ?
- Ahmed et j'ai 13 ans !
- Comme moi, j'ai 13 ans aussi ! T'es où sur le camping ? demande Susanne au garçon.
- Je suis là avec mes parents, dit Ahmed. Il lui **montre**[10] la caravane qui vient du 59.

Gérard, reconnaissant la gentillesse d'Ahmed, ne dit rien.

- Si tu veux, on pourra aller faire un tour de balançoire tout à l'heure. Mais d'abord, il faut que j'aide mon père à cause de la tempête, dit Susanne à Ahmed.
- Je peux vous aider, si vous voulez.
- On va avoir besoin de ficelle.
- Peut-être que mes parents en ont, je reviens tout de suite.
- Il tombait quand même bien ce petit gars ! dit Gérard qui ne gronde pas Susanne à cause du porte-monnaie.

Il **s'inquiète**[11] plutôt pour sa voiture: quand il y a des tempêtes, il tombe parfois de la grêle qui pourrait **cabosser**[12] son quatre-quatre.

Ahmed revient accompagné de son père.

- Bonjour Monsieur, je m'appelle Khaled.
- Bonjour, répond Gérard surpris.
- Je suis le père d'Ahmed. Vous avez entendu ? Il va y avoir une grosse tempête.

Gérard ne répond pas.

- Papa, je peux aller jouer avec Ahmed ?
- Oui, bien sûr, ma chérie.

6 **parler dans sa moustache** – leise und undeutlich sprechen
7 **Quel culot!** – So eine Frechheit! / Unverschämtheit!
8 **la balançoire** – die Schaukel
9 **se débrouiller** – zurechtkommen
10 **montrer qc à qn** – jdm. etw. zeigen
11 **s'inquiéter** – sich Sorgen machen
12 **cabosser** – verbeulen

Mais ne t'éloigne pas trop.

- Soyez gentils, ajoute Khaled et propose à Gérard : j'ai une **bâche**[13] très solide assez grande pour protéger deux caravanes et deux voitures de la grêle.

Khaled explique à son voisin comment faire, mais Gérard est **tiraillé**[14] : Est-ce que je peux faire confiance à cet homme ? Mais pourquoi est-ce qu'il veut m'aider ? Ce monsieur Khaled a une idée grandiose avec la bâche. Qu'est-ce que je fais ?

- À deux, cela va très vite. Alors ? Qu'est-ce que vous en dites ?
- Bonjour Monsieur, c'est d'accord ! dit Marianne qui arrive derrière Gérard.
- C'est d'accord, répète Gérard.

Les deux hommes **s'appliquent**[15] à bien fixer la bâche. Gérard, fidèle à son caractère, reste sur ses gardes malgré la gentillesse de Khaled. Une fois terminé, il remarque qu'il a pris un plaisir énorme à se mettre d'accord et à discuter avec Khaled pour bien tendre la bâche.

Il n'y a pas eu de blessés mais les **dégâts**[16] sur le terrain de camping sont assez gros. Grâce à la bâche, il n'y a rien de cassé ni chez Gérard ni chez les Marocains. « Vraiment, c'était une très bonne idée », pense Gérard.

Pour fêter le succès de leur modèle de construction, Khaled prépare un de ses plats préférés et invite toute la famille **bisontine**[17] à manger des moules-frites.

Le soir, allongé devant la télé, Gérard repense à sa journée et à ses **préjugés**[18]. Il dit à Marianne :

- Finalement, ils sont très agréables nos voisins. On va aussi les inviter à manger.

Gérard sent comme une sympathie envers Khaled à laquelle il ne s'attendait pas.

Il s'endort, **paisible**[19].

Le lendemain matin, il y a de nouveaux voisins à côté de la famille marocaine.

- Des Chinois ! Marianne, réveille-toi... dit Gérard à sa femme.

13 **la bâche** - die Plane
14 **être tiraillé(e)** - hin-und hergerissen sein
15 **s'appliquer à qc** - sich bei etw. Mühe geben
16 **le dégât** - der Schaden
17 **bisontin/bisontine** - aus Besançon
18 **le préjugé** - das Vorurteil
19 **paisible** - friedlich

19 PATRICIA ET LOUIS

C'est son premier jour. Patricia, habillée tout en bleu, **pédale**[1] vite pour ne pas arriver en retard. Elle siffle en rythme « À bicyclette » d'Yves Montand pour garder la **cadence**[2]. Ses longs cheveux bouclés de belle métisse caressent l'air de l'automne. L'agence de publicité où elle commence est à la Krutenau, un vieux quartier de Strasbourg. Elle est fière d'avoir été retenue pour ce poste d'assistante. Elle a 25 ans. C'est son premier vrai emploi. Elle se sent adulte, elle est heureuse.

Louis, 28 ans, est très attirant : cheveux gris et courts, encore un peu bronzé de ses vacances dans les Pyrénées, il a un très beau sourire au milieu de sa barbe. **Habillé décontracté**[3] - jean, sweatshirt et basket, il traverse le marché de la rue Munch, échange deux trois mots en alsacien avec les commerçants avant d'aller travailler à l'agence où Patricia commence aujourd'hui.

Il vient juste d'arriver quand elle pousse la porte en verre de l'agence. Il l'**accueille** très **gentiment**[4].

- Bonjour Patricia, et bienvenue à « Art et Jour ». Je m'appelle Louis.

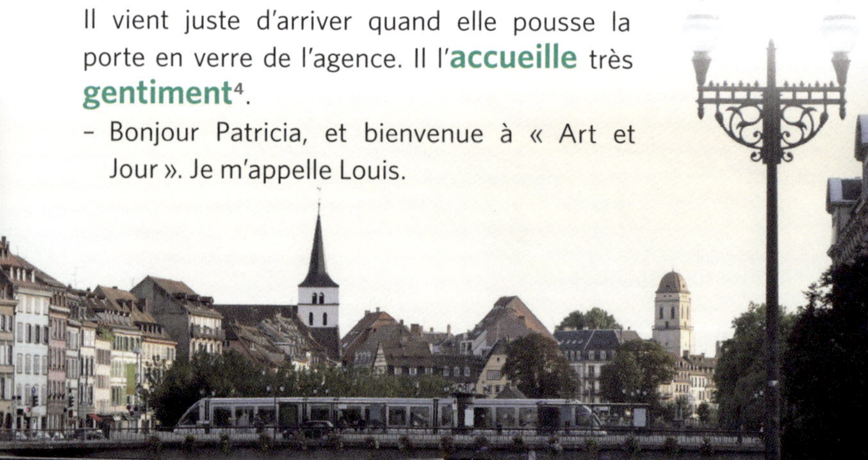

- Bonjour, Louis ! Nous nous sommes vus quand j'ai eu mon **entretien d'embauche**[5], je crois ?
- Oui, tout à fait. C'est toujours moi qui assiste le directeur de l'agence pendant les entretiens. Je **n'étais pas de bonne humeur**[6] et j'ai été un peu dur avec vous, je crois. Ce n'était pas mon jour. Je vous présente mes excuses.

Patricia est surprise, mais ça lui fait plaisir. Elle lui sourit, charmante.

- C'est très gentil de me dire ça. Excuses acceptées, Louis !

Mais ce n'était pas grave. Et puis, j'ai eu le poste. Merci !

Il la regarde amicalement.

- Merci aussi d'accepter mes excuses. C'est important, le respect entre collègues.

Patricia et Louis hochent la tête et se regardent.

- Patricia, j'ai l'impression que nous sommes sur la même **longueur d'onde**[7]. Voilà votre bureau ! Enlevez votre manteau et venez, je vais vous faire visiter l'agence et vous présenter à vos nouveaux collègues de travail.
- D'accord, allons-y, dit Patricia.

Au bout de[8] 30 minutes Louis et Patricia ont fait le tour de l'équipe.

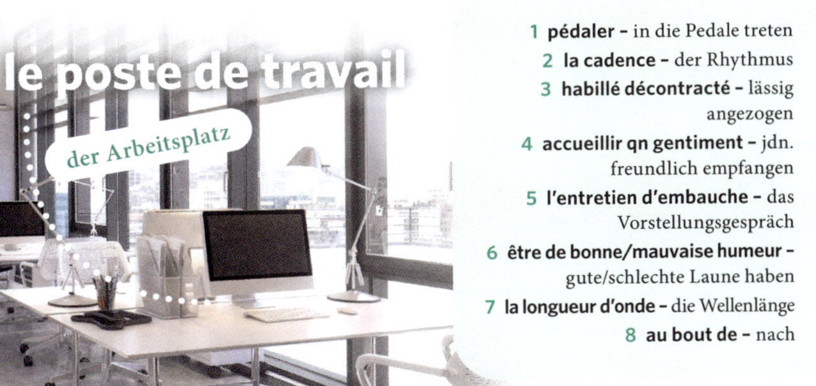

1 **pédaler** - in die Pedale treten
2 **la cadence** - der Rhythmus
3 **habillé décontracté** - lässig angezogen
4 **accueillir qn gentiment** - jdn. freundlich empfangen
5 **l'entretien d'embauche** - das Vorstellungsgespräch
6 **être de bonne/mauvaise humeur** - gute/schlechte Laune haben
7 **la longueur d'onde** - die Wellenlänge
8 **au bout de** - nach

- Et enfin, voici mon bureau.
- Qu'est-ce que vous faites, Louis ?
- Je suis l'assistant du directeur artistique. Voilà, je vous ai tout montré. Jusqu'à la pause de midi, vous pouvez **vous familiariser**[9] avec votre ordinateur. Si vous avez des questions, Magalie y répondra cet après-midi.
- Très bien, merci, Louis.

Patricia est **agréablement surprise**[10] par la gentillesse de Louis et la bonne ambiance dans l'agence. Elle pense « Je vais me sentir bien ici ».

La matinée passe très vite.

- Toute l'équipe déjeune ensemble une fois par semaine. Vous nous accompagnez, Patricia ?
- Oui, très volontiers, Louis. J'arrive ! Où est-ce qu'on va ?
- On va à l'Ancienne Douane. Mais tu n'es pas **obligée**[11] de manger une choucroute !
- Au contraire, j'adore ça, la choucroute !
- Dites, Patricia, on peut peut-être **se tutoyer**[12]?
- Oui, d'accord, pas de problème.
- Écoute, il faut que je te raconte. Tu sais pourquoi j'étais énervé le jour de ton entretien ?
- Dis-moi, Louis.
- Je cherche un appartement en ce moment. Le propriétaire n'a pas voulu m'accorder **le bail**[13] parce que je voulais emménager avec mon compagnon. C'est fou ça, non ?
- Je comprends, en effet, pourquoi tu étais en colère. Il y a de quoi.
- Il m'a dit ouvertement qu'il ne voulait pas de couple homosexuel dans son immeuble. Ça m'a choqué.
- Oui, on rencontre parfois des gens un peu **vieille France**[14] !

Après sa première journée de travail, Patricia se sent toute légère sur le chemin de la maison. Elle sait qu'elle sera acceptée

comme elle est. Elle est comblée. Pour fêter son nouvel emploi, elle s'offre des fleurs qu'elle mettra sur la table samedi soir.

- Bonjour, Madame ! Que **puis-je**[15] faire pour vous ?
- Bonjour, Madame ! **Si vous permettez**[16], j'aimerais composer un bouquet moi-même.
- Faites comme vous voulez, Madame ! Dites-moi simplement ce que vous voulez.

Patricia regarde toutes les fleurs du magasin et choisit les plus belles. Elle crée d'abord le bouquet dans sa tête, puis dit :

- Je voudrais cet hortensia bleu au milieu, ces trois glaïeuls mauves, ces trois énormes roses blanches et trois de ces beaux dahlias orange tout autour, s'il vous plaît.

La vendeuse fait une grimace pour exprimer son désaccord :

- Vous devriez prendre les dahlias blancs ou roses. Ce serait plus joli quand même. L'orange et le rose ne **vont** pas **ensemble**[17] du tout ! Enfin, vous faites ce que vous voulez.
- Exactement, Madame, je fais comme je veux ! Et comme le dicton le dit si bien : Les goûts et les couleurs, ça ne se discute pas ! « Pas très tolérante cette dame », pense Patricia.
- Vous avez tout à fait raison. Excusez-moi !
- Bonne soirée, Madame.
- Au revoir, Madame.

Le lendemain[18] à l'agence...

- Louis ? Alex et moi, nous organisons une soirée à la maison. Tu es libre samedi ? Ça nous ferait plaisir **que tu viennes**[19]. Alex aimerait faire ta connaissance.

9 **se familiariser avec qc** – sich mit etw. vertraut machen
10 **agréablement surprise** – angenehm überrascht
11 **obligé(e)** – verpflichtet
12 **se tutoyer** – sich duzen
13 **le bail** – der Mietvertrag
14 **vieille France** – (hier:) altmodisch
15 **Que puis-je ... ?** – Was kann ich ...?
16 **Si vous permettez...** – Wenn Sie erlauben ...
17 **aller ensemble** – zusammenpassen
18 **le lendemain** – am Tag darauf
19 **que tu viennes** – dass du kommst

- Merci, c'est gentil. Je n'ai rien de prévu. Volontiers, oui, j'accepte avec plaisir.

Il a un ton **hésitant**[20].

Patricia **ressent une gêne**[21] chez Louis et ajoute :

- Viens avec ton copain si tu veux, c'est plus sympa.
- D'accord, bonne idée. Si ça ne dérange pas trop Alex ?

Patricia rit amicalement.

- Alex a l'esprit très ouvert. Tu verras. À samedi alors !

Le samedi soir, Louis et Antoine frappent à la porte de Patricia et Alex. C'est Alex qui va ouvrir.

- Bonsoir ! Tu es certainement Louis. Entrez, je vous en prie.

Patricia arrive derrière Alex, prend sa **compagne**[22] par la taille et dit :

- J'avais envie de vous réserver une petite surprise.
- C'est réussi, Patricia, dit Louis.

Ils se font tous la bise.

- Que la fête commence ! lance Louis.

Ils rient tous ensemble.

20 hésitant(e) – zögerlich
21 … ressent une gêne … – … spürt eine Verlegenheit …
22 la compagne – die Lebensgefährtin

20 OUI !

« Ma très chère Pierrette,
Hugo et moi, nous allons nous marier !
Je serais très heureuse si tu venais à mon mariage. Nous fêtons cet événement dans la propriété d'un ami au bord de la Dordogne. C'est un véritable paradis. Très calme. Comme tu le vois sur l'invitation, ça s'appelle Château Pitray, mais c'est très simple. Ce sera une belle fête avec nos meilleurs amis. Bien sûr, il y aura une **pièce montée**.
Tu te **souviens**[1] quand nous étions petites ?
On adorait ça !
J'attends de tes nouvelles. Je t'embrasse,
Leïla »

La future mariée est assise à son bureau. Elle écrit quelques lettres personnelles à ses meilleurs amis pour les inviter à son mariage. Parfois **un doute**[2] traverse son esprit « Est-ce la bonne décision de se marier ? » Mais elle **chasse**[3] aussitôt cette pensée. « Les doutes, **ça fait partie du jeu**[4] » pense-t-elle. Il est déjà tard. Ses petits yeux sont fatigués. Elle met les lettres qu'elle apportera à la poste demain matin sur la commode de l'entrée. Elle

typisch französische Hochzeitstorte

remonte ses cheveux roux et prend un bain bien chaud pour se détendre. Puis elle se glisse dans son lit et s'endort.

« Chère Leïla,
Je suis très heureuse pour toi. C'est formidable. Comme tu le sais, je ne travaille pas en ce moment. Cela me ferait très plaisir de t'aider à préparer ton mariage. Je pourrais aussi te conseiller pour choisir ta robe par exemple. Et tout simplement te tenir compagnie. Je suis impatiente de découvrir Pitray. Bises.
Ton amie Pierrette »

Leïla est sur la route pour aller chercher Pierrette. Elle est en retard à cause des **bouchons**[5]. Elle entre dans l'aéroport de Bordeaux et voit Pierrette de loin dans le hall des arrivées. Son amie tire une petite valise à roulettes qui fait un bruit incroyable. Elle marche d'un pas déterminé dans la mauvaise direction.

– Pierrette ! Pierrette ! Pierrette ! crie Leïla.
La jolie petite jeune femme pleine d'énergie continue son chemin. Leïla se met à courir derrière son amie.

1 **se souvenir** – sich erinnern
2 **le doute** – der Zweifel
3 **chasser** – verjagen
4 **ça fait partie du jeu** – das gehört zum Spiel
5 **le bouchon** – der Stau

Chtac ! Elle se tort la **cheville**[6]. Elle tombe. Le carton de **flûtes de Champagne** qu'elle avait dans les bras tombe avec elle, il s'ouvre et la musique du cristal stoppe Pierrette qui se retourne.

Leïla est sur le dos par terre. Elle se tient le pied.

- Leïla ma pauvre ! Tu t'es fait mal ?
- Pierrette, et comment ! Ça fait terriblement mal.
- Essaie de te relever et pose le pied. C'est bien. Ma chère Leïla, je suis tellement contente de te revoir.

Elles s'embrassent.

- Et moi donc. Ça fait tellement longtemps que nous ne nous sommes pas vues. Tu es magnifique, Pierrette !
- Assieds-toi là. Je vais aller chercher une **balayette**[7]. Maintenant, accroche-toi à mon bras.

Les deux jeunes femmes marchent lentement vers la sortie.

- Écoute Pierrette, j'ai pris rendez-vous aujourd'hui pour faire l'essayage de ma robe. On y va !
- Ça va aller ? Tu es sûre ? Tu ne veux pas aller à l'hôpital ?
- Non, je déteste les hôpitaux !

Dans la **zone piétonne**[8] de Bordeaux :

- Bonjour, Madame! Je viens pour essayer ma robe. Leïla présente son amie Pierrette à la vendeuse.

- C'est mon amie Pierrette qui vient de Paris !
- Enchantée, bonjour Mesdames. Votre robe est prête, Leïla, vous pouvez l'essayer.

Leïla entre dans la cabine d'essayage et ressort avec une **tête d'enterrement**[9].

- Non, ça ne va pas du tout. Regardez, ici c'est trop serré et là c'est trop large. Cette robe ne me va pas du tout ! Je ne peux même pas essayer les chaussures. Mon pied est trop gros maintenant !

Leïla est désespérée. Elle est **au bord des larmes**[10]. Pierrette essaie de la calmer. La vendeuse arrive avec un verre d'eau fraîche.

- Ne vous inquiétez pas, Madame. Nous allons sans doute trouver une robe qui **vous ira**[11] à merveille.
- On reviendra un autre jour, Leïla. Ne t'inquiète pas.
- De toute façon, on n'a pas le choix. Et puis tu restes quelques jours n'est-ce pas, Pierrette ?
- Oui, ma belle. Je vais conduire pour rentrer à Libourne. Ce sera mieux. Avec ton pied, tu ne peux pas vraiment conduire. Et puis tu pourras te **détendre**[12]. Elle sourit à son amie.
- Heureusement que tu es là. C'est une bonne idée, Pierrette. Je serai co-pilote ! Voilà les clés. Les deux amies quittent Bordeaux.
- C'est vraiment magnifique cette région, j'adore ! s'exclame Pierrette.
- Oui, ça ressemble un peu à la Toscane, tu ne trouves pas ?
- Pour moi, c'est encore plus beau !

D'un seul coup la voiture s'arrête net.

- Mais qu'est-ce qui se passe ?

Leïla jette un œil sur le niveau d'essence.

6 **la cheville** – der Fußknöchel
7 **la balayette** – der Handfeger
8 **la zone piétonne** – die Fußgängerzone
9 **la tête d'enterrement** – die Trauermiene
10 **être au bord des larmes** – den Tränen nahe sein
11 **aller à qn.** – jdm. passen
12 **se détendre** – sich entspannen

- Mince, j'ai complètement oublié de passer à la station service.
- Oh non ! Ce n'est pas vrai !
- Bon, je vais appeler un dépanneur. Heureusement nous ne sommes plus très loin de la maison.

Elles arrivent chez Leïla.
- Zut, j'ai oublié les courses dans le coffre de la voiture !
Décidément cette journée tourne au cauchemar.
Pierrette, qui est d'un naturel plutôt **jovial**[13], prend une mine grave et demande à son amie :
- Est-ce que tu es bien sûre de toi ?
- Qu'est-ce que tu veux dire ?
- Ben, tous ces **incidents**[14]. Ça peut être un signe. Tu ne penses pas ?
- Un signe de quoi ? demande Leïla qui ne comprend rien à ce que dit son amie Pierrette.
- Ben... que ce n'est peut-être pas le bon moment pour te marier. Ou que ce n'est pas la bonne personne, je ne sais pas moi.

Leïla la regarde **irritée**[15].
- C'était vraiment une mauvaise journée. Mais tu **exagères**[16]. Ne nourris pas les doutes qui sont tout à fait naturels, s'il te plaît.
- Je disais ça comme ça. Oublie ce que je viens de dire. Excuse-moi.
- Et puis, on ne peut jamais être sûre de rien.
- Tu as raison, Leïla ! Pour finir la journée, je propose d'aller dans une petite cave très sympa avec des concerts de jazz. On va commencer à **enterrer ta vie de jeune fille**[17].
- D'accord. Très bonne idée. Je n'ai presque plus mal à la cheville.

Dans la cave de jazz, plein de copines du lycée attendent Leïla et Pierrette avec une grande bouteille de crémant.

– Surprise !

Elles passent une très bonne soirée toutes ensemble.

Leïla est très heureuse et oublie très vite la mauvaise journée qu'elle vient de passer.

Elles ont bu, Leïla et Pierrette appellent un taxi pour rentrer à la maison.

Épuisée[18], Leïla s'endort dans le taxi. Une ambulance traverse un **carrefour**[19] « pin pon pin pon pin pon pin pon... ! »

Une sonnerie interminable ! D'un geste automatique, Leila éteint son réveil. Elle ouvre les yeux dans son lit **douillet**[20].

Après un bon café bien noir et une douche bien chaude, elle se prépare, met les invitations dans son sac à main et part travailler avec sa voiture.

In Frankreich machen Polizei-, Feuerwehr- und Krankenwagensirenen nicht **tatü tata** sondern **pin pon pin pon!**

13 **jovial(e)** – fröhlich
14 **l'incident** (m.) – der Vorfall
15 **irrité(e)** – verärgert
16 **exagérer** – übertreiben
17 **enterrer la vie de jeune fille** – den Junggesellinnenabschied feiern
18 **épuisé(e)** – erschöpft
19 **le carrefour** – die Kreuzung
20 **douillet(te)** – gemütlich

21 JEUNESSE EN JUILLET

- Mais où est Kevin ? On a dit « À la voiture à 11 heures », s'énerve Benjamin.

Kévin rêve d'être photographe. Tout l'intéresse. Il veut vivre des choses extraordinaires. C'est lui qui a organisé ce voyage à Carhaix en Bretagne où il vient de passer quatre jours formidables avec ses meilleurs copains. Ils aiment tous le rock et au festival des Vieilles Charrues, ils se sont amusés **comme des fous**[1].

- Regarde Benjamin, voilà Kévin ! Je **parie**[2] qu'il voulait prendre quelques photos avant de partir, dit Pierre.

Pierre, un peu rêveur et très intelligent, est un grand blond, les cheveux courts et une longue mèche qui tombe sur un œil. Il marche souvent la tête baissée, les mains dans les poches. C'est le plus cool de tous.

- C'était génial, ce festival de rock. J'ai adoré. J'aimerais revenir l'année prochaine, les gars ! Excuse-moi, Benjamin, pour le **retard**[3].
- C'est ok, Kévin.
- C'est bon, Benjamin, on peut y aller, dit Clément qui

vérifiait[4] le niveau d'eau et d'huile dans le moteur. Il s'intéresse à la mécanique. C'est aussi un passionné d'histoire d'aventure. Il rêve de découvrir un jour un trésor et de s'enrichir.

- Allez, tout le monde en voiture ! dit Benjamin.

Benjamin, lui, conduit. C'est le plus jeune, mais c'est le seul des quatre à avoir le **permis de conduire**. Il a un regard bleu très clair et le sens des responsabilités. Quand il parle, ses copains l'écoutent. Autrement, il fait de l'athlétisme et joue de la guitare. Pour conduire, il attache toujours ses beaux cheveux bruns avec un élastique.

Avant de rentrer à Tours, ils ont décidé ensemble d'aller du côté de Lorient pour voir la mer.

- Tout le monde a mis sa ceinture ? demande Benjamin.
- Oui ! répondent ses trois copains.
- C'est parti pour de nouvelles aventures ! dit Clément.

Kévin met la radio et ouvre le toit. Pierre laisse le vent dévoiler son beau visage et son deuxième œil. Benjamin est concentré. **Au bout d'**[5] une petite heure, ils arrivent près de la côte. Ils ne savent pas exactement où il y a une plage. Clément voit un paysan tirer une charrette sur un petit chemin.

- Arrête-toi, Benjamin, s'il te plaît.

Clément sort la tête du toit.

1 **comme des fous** – wie Verrückte; wie Wahnsinnige
2 **parier** – wetten
3 **le retard** – die Verspätung
4 **vérifier** – überprüfen
5 **au bout de** – nach

- Bonjour, Monsieur ! dit-il.

Le vieil homme les regarde d'un air suspect et dit :

- Bonjour, petits gars ! Qu'est ce que vous cherchez par ici ?
- On cherche une plage tranquille. Vous connaissez le **coin**[6] ?
- Un peu que je le connais !

Kévin a envie de faire un portrait du visage fascinant de ce personnage, mais il n'ose pas. Le paysan au visage dur et au regard **méfiant**[7] répond :

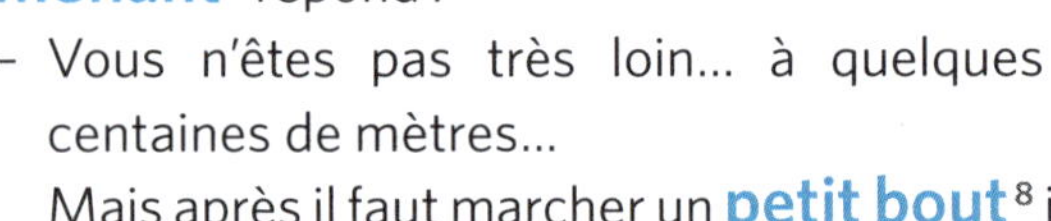

- Vous n'êtes pas très loin… à quelques centaines de mètres…
  Mais après il faut marcher un **petit bout**[8] jusqu'à la plage…
- Merci Monsieur, bonne journée.
- Adieu !

Benjamin gare la voiture sous un arbre.

Les garçons prennent leurs **serviettes de bain**. Il n'y a personne sur cette plage. Ils posent leurs affaires sur le sable.

- C'est vraiment tranquille ici, le paysan nous a indiqué un bon endroit, dit Pierre et va voir si l'eau est bonne.

Clément s'assoit et termine son chapitre.

Kévin mange son dernier croissant. Il voit une barque à 300 mètres environ et dit :

- On pourrait aller faire un tour en barque, qu'est-ce que vous en dites ?
- Si on reste près de la côte, dit Benjamin, il n'y a pas de problème.
- Les gars, je sens qu'on va trouver quelque chose. **J'en mettrais ma main à couper**[9]… Une fois, j'ai lu dans un

magazine qu'une **cargaison**[10] de champagne avait disparu près des côtes Bretonnes. On va chercher et on va trouver quelque chose, j'en suis sûr, je le sens…, dit Clément.

Les quatre garçons se mettent en maillots de bain et font un petit tour en barque. Benjamin et Clément font de la **plongée en apnée**[11]. Benjamin a surtout envie de se rafraîchir. Clément, lui, regarde s'il ne trouve pas des caisses de champagne ! Kévin prend des photos de l'horizon. Pierre s'est allongé dans la barque et regarde le ciel.

Un peu plus tard, ils reviennent sur la plage.

Clément est triste de ne rien avoir trouvé dans la mer. Il était tellement sûr de lui.

- Nos affaires ? Où sont nos affaires ? demande Kévin.
- Les gars, on est trop nuls. C'est la **marée haute**[12] maintenant, la mer a emporté nos habits, dit Pierre.

Clément se laisse tomber sur le sable.

- Mon livre, j'ai perdu mon livre !
- Heureusement que j'ai gardé les clés de la voiture sur moi ! C'est trop tard, on ne peut plus rien faire, dit Benjamin.

À part Clément qui **regrette**[13] son livre, les garçons oublient rapidement leurs affaires.

- Les gars, on pourrait faire un **feu de camp** ici et dormir **à la belle étoile** cette nuit ! J'ai assez de trucs à manger dans la voiture. On est tranquille ici ! C'est génial, non ? dit Kévin.
- Et Benjamin, tu pourras nous jouer un peu de musique à la guitare, propose Pierre.

6 **le coin -** die Gegend; die Ecke
7 **méfiant(e) -** misstrauisch
8 **petit bout -** kleines Stück
9 **J'en mettrais ma main à couper. -** Dafür würde ich meine Hand ins Feuer legen.
10 **la cargaison -** die Ladung
11 **la plongée en apnée -** das Apnoetauchen
12 **la marée haute -** die Flut
13 **regretter -** (hier:) vermissen

– D'accord, ça marche, répondent Benjamin et Clément.
Benjamin et Kévin vont chercher les sacs de couchage, les chips, le chocolat et le fromage de Kévin. Il leur reste aussi une bouteille de vin et assez d'eau pour la soirée. Pendant ce temps, Clément et Pierre ramassent du bois pour faire du feu.

Pierre, les mains dans les poches et sa mèche blonde sur l'œil, marche dans le sable. Près de la dune, il **trébuche sur**[14] quelque chose de dur. Il se baisse pour voir ce que c'est. C'est assez gros.
Il **creuse**[15] autour, c'est un objet en bois avec un **couvercle**.
Il le sort du sable.
– Clément ! Clément ! Viens voir, j'ai trouvé quelque chose !
Son copain court vers lui.
– Tu rigoles ? Je ne te crois pas.

– Si, regarde !

Les yeux de Clément brillent quand il voit l'objet.

– Je l'avais dit ! Ouvre, vite ! dit Clément.

Ils y trouvent quelques pièces de monnaie française du siècle dernier, une vieille montre et des **jumelles**[16].

– C'est génial Pierre. Je suis trop content. On viendra le chercher quand il fera nuit. Personne ne pourra nous voir.

Pierre trouve l'idée de Clément étrange, mais il ne dit rien.

Les garçons préparent le feu de camp et passent une très

14 **trébucher sur qc –** über etw. stolpern
15 **creuser –** buddeln
16 **les jumelles (f., immer Plural) –** das Fernglas

belle soirée ensemble. Clément est déjà allé chercher « son » trésor. Il s'endort avec l'objet dans les bras.
Au petit matin, un cri de mouette réveille Benjamin et Clément.
- Tu as bien dormi ?
- Très bien, et toi Clément ?
- Super bien. J'ai rêvé de la fin du livre que je ne reverrai jamais.
- **Qu'est ce que tu comptes faire**[17] avec « ton trésor » ?
- Le garder bien sûr, répond Clément.
Pierre a entendu la conversation de ses deux amis. Il ouvre les yeux et dit :
- On ne sait pas qui a enterré cet objet. Qui sait ? C'est peut-être un enfant qui l'a caché ici. Il sera triste quand il **découvrira**[18] que « son trésor » a disparu. Moi je suis pour remettre cet objet à sa place.
- Pierre a raison, dit Benjamin
À ce moment-là, Kévin se réveille et voit arriver le paysan qu'ils ont rencontré la veille.
- Regardez, les gars, qui voilà !
Le vieil homme qui tire sa charrette va droit vers eux. Clément cache l'objet sous son sac de couchage.
- Bonjour les petits gars.
- Bonjour, Monsieur, disent-ils.
- Vous n'avez rien perdu ? Il sourit. Heureusement que **je vous avais à l'œil**[19]. Je vous ai suivi et j'ai pris vos affaires, autrement la mer les aurait emportées. Il faut faire attention quand la mer monte. La prochaine fois vous ferez attention !
- Nos affaires ! s'écrie Kévin.
- Mon livre ! **se réjouit**[20] Clément.
- Merci, Monsieur, c'est très gentil, dit Benjamin.

Quand le paysan est parti, Clément regarde son livre et dit :
- Je suis trop content.
Il regarde Pierre.
- Ok, je comprends, si un enfant a caché cet objet ici, je ne veux pas le lui prendre. Je vais le remettre à sa place. Je vais aussi lui mettre mon livre à l'intérieur. Je n'ai plus que deux chapitres à lire. Il sera content !

17 **compter faire qc -** vorhaben, etw. zu tun
18 **découvrir -** entdecken
19 **avoir qn à l'œil -** jdn. im Auge behalten
20 **se réjouir -** sich freuen

22 CHOPIN, LE COCKER ANGLAIS

Christophe pose sa petite valise en aluminium dans le hall de la gare. Il nettoie ses lunettes avant de les remettre sur son nez. Le grand **panneau d'affichage**[1] électronique annonce son départ pour la ville de Pau dans 40 minutes. Il vérifie trois fois pour être sûr. Il est venu tôt parce qu'il préfère attendre que de **manquer**[2] son train. Aujourd'hui, il a son rendez-vous de l'année.

Bel homme, il ressemble un peu à Jean Dujardin, l'acteur qui a joué dans « l'Artiste ». Il est élégant et intelligent. Il aime écrire, voyager et rencontrer des gens. Il fait le métier dont il a toujours rêvé : reporter-journaliste. Cet après-midi, il va interviewer une star : JR est un DJ très célèbre. C'est rare qu'il accepte de donner une interview. Il est très timide et porte des lunettes de soleil de jour comme de nuit. JR avait une voix agréable quand ils ont téléphoné pour prendre rendez-vous à Pau. Ce sera une belle interview. Christophe est **impatient**[3] de le rencontrer. C'est son idole. Il a bien préparé toutes ses questions sur son bloc-notes noir. Comme toujours, il a son chien, Chopin avec lui.

la laisse – die Leine

cocker anglais – Cockerspaniel

Quelqu'un joue du piano dans le deuxième hall. Chopin tend son oreille gauche. Il adore la musique et quand il entend une mélodie ou sent que quelqu'un aime la musique comme lui, il est impossible de le **freiner**[4].

Bien sûr, il veut écouter le piano de plus près. Il tire donc sur la **laisse** et **aboie**[5] gentiment pour faire comprendre à son maître où il veut aller.

- D'accord, Chopin, j'arrive ! On va aller écouter la musique

Christophe prend sa valise avec l'appareil d'enregistrement et son micro dedans.

« C'est incroyable comme il joue bien cet homme », pense Christophe. Petit garçon, il prenait des cours de piano le mercredi après-midi. Il aimait jouer, il adorait ça.

- Attends, on va l'enregistrer, dit Christophe à son cocker.

Il y a 6 mois, le journaliste a écrit un article sur les pianos qui sont mis **à disposition**[6] des voyageurs dans les gares de France. Il y a toujours quelqu'un qui y joue. « C'est vraiment une idée géniale ! » pense Christophe.

Ils écoutent la belle mélodie un bon moment.

- Allez, viens Chopin, c'est l'heure de prendre notre train.

Le fan de DJ JR **composte**[7] son billet et celui de son chien. Ils montent dans le train qui démarre immédiatement. Le contrôleur annonce avec l'accent du sud-ouest :

- Mesdames et Messieurs, bienvenus à bord de l'Intercités à destination de Bayonne. Il y a des travaux sur la **voie** et le train arrivera à destination avec 30 minutes de retard. Nous vous prions de bien vouloir nous excuser des

1 **le panneau d'affichage** – die Anzeigetafel
2 **manquer** – verpassen
3 **être impatient(e) de faire qc** – es kaum erwarten können etw. zu tun
4 **freiner** – bremsen
5 **aboyer** – bellen
6 **à disposition** – zur Verfügung
7 **composter** – entwerten

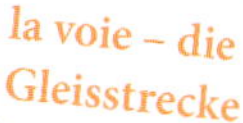
la voie – die Gleisstrecke

éventuels **désagréments**[8] causés par ce retard. Nous vous souhaitons un agréable voyage.

Quand Christophe a acheté ses billets de train **au guichet**[9], on ne lui a pas parlé de travaux sur la voie. S'il arrive à Pau à 16 h 35 au lieu de 16 h 05, il aura 25 minutes pour arriver à son rendez-vous. « **Ça devrait aller** [10]» pense Christophe. Il n'aime pas être stressé avant un rendez-vous, il prendra un taxi. La rencontre avec DJ JR est une occasion unique. Il n'a pas le droit d'arriver en retard. Qui sait si DJ JR **l'attendrait**[11]? Christophe reste **confiant**[12]. Il prend sa tablette androïde et travaille sur un article qu'il enverra le soir même. Chopin est assis à ses pieds sous son siège.
Après Lourdes, la fameuse ville de **pèlerinages**[13] aux pieds des Pyrénées, le train roule de plus en plus lentement. Christophe est impatient, il est déjà 16 h 30.

Finalement, le train arrive en gare de Pau à 16 h 45. S'il n'y a pas d' **embouteillages**[14] au centre ville, il sera à l'hôtel de DJ JR à 17 heures.
- Allez viens Chopin, nous n'avons pas une minute à perdre.

À la sortie de la gare, Christophe prend son portable pour appeler DJ JR. Il veut lui dire qu'il aura peut-être quelques minutes de retard. À ce moment là, Chopin voit une **chienne** ! Il aboie et tire de toutes ses forces sur la laisse. Christophe est concentré sur son portable, il cherche le numéro de DJ JR. La laisse du cocker glisse des mains de Christophe. Chopin court jusque derrière un kiosque à journaux où un guitariste joue un morceau de Georges Brassens. « Oh, non ! Ce n'est pas vrai, Chopin !», pense Christophe désespéré. « Tu vas me faire rater mon rendez-vous avec DJ JR ».

- Chopin, viens ici tout de suite. Chopin, aux pieds, immédiatement !

Le petit cocker anglais flirte avec une chienne très mignonne sur le parking de la gare. Christophe la voit monter dans une voiture noire et Chopin monter avec elle. Il met son portable dans la poche de sa veste et court vers la Renault Mégane noire. Il prend son chien pour le sortir de la voiture.

La petite chienne aboie **tant qu'elle peut**[15].

- Soit gentille, Camille ! dit l'homme **planté**[16] derrière le maître de Chopin.

Christophe **reconnait**[17] la voix de son idole. Il se retourne avec Chopin dans les bras et **se retrouve nez-à-nez**[18] avec DJ JR.

8 **le désagrément** - die Unannehmlichkeit
9 **au guichet** - am Schalter
10 **ça devrait aller** - es müsste gehen
11 **attendre qn** - auf jdn. warten
12 **confiant(e)** - zuversichtlich
13 **le pèlerinage** - die Pilgerfahrt
14 **l'embouteillage** (m.) - der Stau
15 **tant qu'elle peut** - so viel sie kann
16 **planté(e)** - stehend
17 **reconnaître** - erkennen
18 **se retrouver nez-à-nez** - sich plötzlich gegenüberstehen

23 HISTOIRE D'OPÉRAS

Vous aimez l'Opéra Garnier ? Il est vieux, il a toutes ces statues, ces **dorures** ; il ressemble à un gros gâteau ou à une boîte de bonbons ? Peut-être est-il moins chic que l'Opéra Bastille, le nouveau ? Moi je connais les deux et je les connais de l'intérieur, alors je peux vous dire ce que j'en pense.

À Garnier, j'entre par la rue Scribe, par l'arrière. C'est par là qu'on rentre quand on fait partie du spectacle, par l'entrée des artistes, une porte cachée au fond d'une petite cour avec des pavés. À Bastille, l'entrée des artistes est rue de Lyon, une porte **toute bête**[1] un peu plus bas que la rue.

À Garnier, de vieux escaliers vont aux loges, des escaliers si usés par des générations et des générations d'artistes qu'ils **penchent**[2]. À Bastille, il y a des escalators un peu comme dans un centre commercial.

Bref, vous avez compris, je préfère le vieux, l'ancien, le Paris du XIXème siècle, celui des **passages couverts**[3] où les belles dames allaient se promener sans salir leur robe. Je ne connaîtrai jamais ce passé de rêve et il me semble si parfait !

À l'opéra, je ne m'intéresse pas aux grands escaliers ; oui ils **émerveillaient**[4] le public du **Second Empire**[5] et ils émerveillent encore le public d'aujourd'hui. J'ai chez moi une petite carte postale d'un tableau que j'ai vu au

1 **toute bête -** ganz einfach
2 **pencher -** schief sein
3 **le passage couvert -** die überdachte Passage
4 **émerveiller qn. -** jmds. Bewunderung erregen
5 **le Second Empire -** das Zweite Kaiserreich (1862-1870)

Musée d'Orsay : « Escalier de l'Opéra de Paris » par Victor Navlet ; les visiteurs y sont comme des petites mouches, perdus dans l'**immensité**[6] de ce hall d'entrée, au milieu des colonnes, des dorures, des statues, c'est trop ! Moi je préfère mon petit escalier qui penche, celui du côté des artistes...

Vous vous dites : qu'est-ce qu'elle fait ? Qui est-elle ? Un **petit rat de l'opéra**[7] ? Un grand **chef d'orchestre**[8] ? Une diva ? Un violoniste de l'orchestre ? Vous voulez des indices ?
Allez, je vais vous aider : je ne joue pas d'un instrument, je viens travailler à l'opéra les mains dans les poches, ni chaussons de danse, ni tutu, j'ai tout dans la tête et tout dans la gorge. Vous avez trouvé ? Et je ne suis pas connue, ni célèbre, je n'ai pas d'imprésario, je ne fais pas de carrière, mon nom est écrit tout petit dans les programmes : Juliette Daligre. Vous **donnez votre langue au chat**[9] ? Je chante dans le chœur. Un petit point dans la grande machine de l'opéra. Mais quelle vie, quelle magie : travailler ici, chanter sur cette scène, en costume et, à la fin du spectacle, découvrir le plafond peint par Chagall quand les lumières se rallument...

Voilà, nous nous sommes présentés ; maintenant il faut que je vous raconte pourquoi je n'aime pas l'Opéra Bastille. Vous pensez que j'exagère ? Attendez et écoutez-moi...

L'histoire se passe il y a quinze ans. Je travaille à l'Opéra Garnier, mon cher vieil Opéra Garnier. Le spectacle est un opéra du XVIIIème siècle et déjà je m'imagine avec une grande et belle robe, de la **dentelle**, un vrai rêve de petite fille...

Spitze

Deux mois avant, ma cousine Armelle est venue chez moi pour le thé et nous avons bien rigolé ! Elle devait m'aider à **remplir**[10] une **fiche de mesures**[11]. Vous savez : pour faire les costumes, il faut les mesures de tout, les poignets, le tour de tête, l'avant-bras, la taille, le mollet... Armelle avait un **mètre-ruban** et me disait : « arrête de bouger, **je n'y arrive pas**[12] ! » On a presque renversé nos tasses de thé...

Et finalement, le jour de l'**essayage**[13] des costumes arrive. Attention, pour l'essayage je dois aller à l'Opéra Bastille, dans un autre arrondissement de Paris. Je prends le métro, la ligne une jusqu'à la station Bastille ; le métro passe au bord du bassin de l'Arsenal, c'est si beau, bref c'est une belle journée qui commence. Je cherche la rue de Lyon, celle qui part vers la gare de Lyon, numéro cent vingt, je descends les marches pour trouver l'entrée des artistes et là, attention, j'entre dans un labyrinthe !

Messieurs dames, si vous entrez à l'Opéra Bastille seulement du côté du public, vous ne connaissez rien ! De l'autre côté commencent les problèmes, de l'autre côté vous allez vous perdre, être en retard ! **Tellement d**[14]'étages, tellement de couloirs, et surtout tellement d'ascenseurs. Moi, depuis ce jour, je déteste les ascenseurs. Imaginez : vous prenez un premier ascenseur, vous descendez d'un étage, vous prenez un couloir – par exemple pour chercher les toilettes ou la machine à

das Maßband

6 **l'immensité** – die unendliche Weite
7 **le petit rat de l'opéra** – junge Tanzschülerin an der Oper
8 **le chef d'orchestre** – der Dirigent
9 **donner sa langue au chat** (Redewendung) – das Raten aufgeben
10 **remplir** – ausfüllen
11 **la fiche de mesures** – das Maßformular
12 **ne pas y arriver** – es nicht schaffen
13 **l'essayage** (m.) – die Anprobe
14 **tellement de** – so viele

café – puis vous reprenez l'ascenseur, enfin vous croyez que vous prenez le même mais ce n'est pas le même : alors c'est la panique, vous n'êtes **plus du tout**[15] **au même endroit**[16] ! Tous les couloirs sont les mêmes et tous les ascenseurs aussi. Escalier de droite, escalier de gauche ? Premier, deuxième, troisième ou même quatrième **sous-sol**[17] ? Du coup vous ne savez plus où vous êtes, vous allez être en retard, et puis les couloirs sont si longs, tout est si grand !

Je suis perdue dans l'immensité de ce grand opéra moderne. Courage, Juliette ! Dehors je vois Paris, la place de la Bastille, les voitures tournent, le soleil brille et moi je suis comme enfermée, en prison. Je me dépêche pour retrouver mon chemin, je vais être en retard pour mon essayage, je marche plus vite. Voilà un grand couloir, je le prends, et là, qu'est-ce que je vois sur le mur ? Deux énormes têtes de **taureaux**[18], chacune aussi grande qu'une armoire, on peut les voir de très loin… Je suis surprise puis je ris : bien sûr, il ne faut pas avoir peur : ce sont simplement des décors d'opéra, et cet opéra c'est Carmen !

Lorsque j'arrive finalement à la salle d'essayage, je suis en retard de vingt minutes, **je suis désolée**[19] : je me réjouissais tellement de venir essayer mes costumes et je ne suis pas à l'heure. Je m'excuse, la **costumière**[20] me dit qu'il n'y a pas de problème, elle sourit, elle sait peut-être pourquoi je suis en retard. Elle me fait asseoir et va chercher les costumes à essayer. Je suis impatiente, j'imagine déjà la belle robe, celle de mes rêves. C'est mon premier vrai essayage, c'est mon premier vrai costume !

Bien sûr, vous allez me dire que ce qui est arrivé n'est pas la faute de l'Opéra Bastille, que cela peut arriver **n'importe où et à n'importe qui**[21] ! Vous allez dire qu'il ne faut pas pleurer, me dire que la prochaine fois, je l'aurai cette belle robe ?

La costumière apporte trois costumes ; mon nom, Juliette Daligre, est écrit sur les trois.
Premier costume : une jupe dorée et une veste dorée, d'accord…
Deuxième costume : une vieille robe de mariée presque jolie mais verte, ça me plaît moins…
Troisième costume : une robe très courte, elle **ressemble à**[22] de la moquette, verte elle aussi, bien sûr: une horreur !
La costumière me regarde avec un sourire :
- C'est un opéra sur les **grenouilles** n'est-ce-pas, Platée de Rameau ? Alors vous êtes les grenouilles, la couleur c'est le vert.

Que va penser Armelle ? Elle aussi rêvait de mon costume de princesse… Allez Juliette, comme on dit : « le **ridicule**[23] ne tue pas ! »

15 plus du tout – gar nicht mehr
16 au même endroit – an derselben Stelle
17 le sous-sol – das Untergeschoss
18 le taureau – der Stier
19 je suis désolé(e) – es tut mir leid
20 la costumière – die Kostümschneiderin
21 n'importe où et à n'importe qui – jedem überall
22 ressembler à qn./qc. – jdm./etw. ähneln
23 le ridicule – die Lächerlichkeit

Die **Opéra Garnier** (benannt nach ihrem Erbauer **Charles Garnier**) befindet sich im 9. Pariser Arrondissement am rechten Seine-Ufer. Sie wurde 1875 eröffnet. Garnier ging beim Bau des neobarocken Gebäudes auf die Bedürfnisse des damaligen Publikums ein, dem es besonders wichtig war, zu sehen und gesehen zu werden.
Eine ideale Plattform boten dafür die prächtige Marmortreppe und das riesige Foyer. Die Ausmaße zeigen, wie wichtig dieser Punkt war: Treppe und Foyer nehmen fast genauso viel Platz ein wie der gesamte Bühnenbereich und der Zuschauerraum.
der Marmor
le marbre
l'escalier (m.)
die Treppe
la rampe
das Geländer

Berühmt geworden ist die Oper auch als Originalschauplatz der Geschichte des **Phantoms der Oper**. Dem Mythos nach lebt das Phantom in den unterirdischen, labyrinthartigen Gängen der Oper und befährt einen dort befindlichen unterirdischen See mit einer Barke. Tatsächlich befindet sich unter der Oper ein Grundwassersammelbecken, das auch heute noch regelmäßig abgepumpt werden muss. Den Mythos schüren weiterhin seltsame Geräusche, die von hier vernehmbar sein sollen und ein tragisches Unglück aus dem Jahr 1896, bei dem eine Mitarbeiterin durch einen herabstürzenden Kronleuchter getötet wurde.

24 UNE RUE DU VIEUX BELLEVILLE

– « J'ai deux amours, mon pays et Paris ». **Dis-moi**[1], mon oncle, c'est Édith Piaf qui a chanté ça ?

Nous sommes, mon oncle et moi, au numéro soixante-douze de la rue de Belleville à Paris. Ici, c'est le vingtième arrondissement, de l'autre côté de la rue le dix-neuvième. Et devant nous, quatre marches d'escalier, une **plaque**[2] sur le mur avec ces mots : « Sur ces marches est née Édith Piaf ».

– Non, répond mon oncle, ce n'est pas elle, c'est Joséphine Baker. Édith Piaf aimait beaucoup Paris, elle a chanté son amour pour cette ville dans d'autres chansons très célèbres. « Sous le ciel de Paris », c'est à celle-là que tu penses ?

Ah, mon oncle, il sait vraiment beaucoup de choses ! En fait mon oncle n'est pas mon oncle, c'est un vieil ami de la famille et je l'ai toujours appelé comme ça. Je vais chez lui en vacances chaque été ; quand j'étais plus petit, Maman prenait le train avec moi mais maintenant que j'ai treize ans, je le prends tout seul. J'arrive à la Gare du Nord où il m'attend, toujours avec un grand sourire. Il m'appelle « mon petit », même si j'ai grandi.

– Sinon, reprend mon oncle, très inspiré quand on lui parle de chansons françaises, il y a aussi « Belleville-Ménilmontant » d'Aristide Bruant, l'homme à l'écharpe rouge qui chantait au cabaret du Chat Noir, tu as **sûrement**[3] vu sa tête sur les affiches de Toulouse-Lautrec, tu sais dans tous ces magasins pour touristes de Montmartre…

Et nous continuons de monter la rue de Belleville. C'est fatiguant ! Autrefois, il y avait un **funiculaire**[4]. Aujourd'hui,

quand on se retourne, on voit en bas le centre de Paris et on aperçoit la Tour Eiffel très haute au-dessus des toits.

- N'est-ce pas qu'elle est belle notre tour, mon petit ?

Puis on arrive chez lui, au numéro cent cinq. Derrière la grande porte, quelle surprise : on se croit dans un jardin ! Belleville est un vieux quartier ouvrier, mon oncle m'a expliqué, autrefois il y avait des **guinguettes**[5], des **vignes**[6] et il reste encore beaucoup de nature. Et avant 1860, Belleville n'était pas dans Paris ! Alors chez mon oncle, j'oublie que je suis dans la capitale, c'est comme la campagne au milieu de la ville...

Mon oncle a toujours beaucoup d'idées pour les vacances. Des promenades, des musées, le cinéma. Il vit seul et je suis un peu comme un fils pour lui. Il m'explique des choses sur l'histoire, il sait que j'aime ça et puis il raconte si bien ! Avant de **prendre sa retraite**[7] il travaillait comme chauffeur de taxi.

- Paris, je le connais comme ma poche, toutes ses rues, de jour comme de nuit, tu sais, me dit-il **fièrement**[8]. Si tu cherches une rue, demande-moi !

1 **dis-moi** - sag mir
2 **la plaque** - das Schild
3 **sûrement** - bestimmt
4 **le funiculaire** - die Standseilbahn
5 **la guinguette** - das Ausflugslokal
6 **le vigne** - der Weinberg
7 **prendre sa retraite** - in Rente gehen
8 **fièrement** - stolz

le bâtiment

das Gebäude

die Straßenlaterne

le lampadaire

la rampe

das Geländer

le pavé

der Pflasterstein

l'escalier (m.)

die Treppe

Et il me raconte des choses qui font peur, des histoires de gens un peu bizarres qu'il a pris en taxi la nuit… Moi, je n'ai que treize ans, je ne connais pas tout mais quand je serai adulte, je ne serai pas chauffeur de taxi à Paris, c'est trop grand !
Ce soir mon oncle est au téléphone et me laisse seul dans le salon. Je me sens un peu perdu, je pense à mes parents, à mon petit frère resté avec eux ; mais je lève la tête et je vois la grande bibliothèque remplie de livres : impossible de m'ennuyer avec tout cela ! Je regarde un livre, un deuxième, un troisième, je ne sais pas lequel choisir. Puis j'en vois un plus grand que les autres, un gros livre blanc avec des photos de Paris. Je l'ouvre et je reconnais la Seine, les parcs, la Tour Eiffel… Sur une page, une photo en noir et blanc avec écrit en bas :
« Belleville en 1956 », une petite rue en pente avec des escaliers, une **rampe** de fer au milieu, un **lampadaire**, des maisons qui m'**ont l'air**[9] vraiment pauvres, quatre filles qui jouent ou qui discutent. Elles sont habillées avec des tabliers comme ma mère quand elle était petite et regardent trois garçons assis un peu plus bas sur les marches. Mais cette rue, où est-elle ? Cet escalier, où est-il ? Je n'ai jamais vu cet endroit. Vite, je vais chercher mon oncle et je lui montre la photo.
- Regarde, c'est à Belleville ; c'est joli ce petit escalier, mais tu sais où c'est ? Dis-moi !

Mon oncle me sourit et son sourire est **rempli de mystère**[10].
- Où est cette rue ? Oui je le sais, bien sûr ; si tu veux je te la montrerai demain.

Et il ne dit rien de plus.
Le lendemain matin, nous partons **à la recherche de**[11] cette rue. Nous descendons la rue de Belleville, il fait beau et la Tour Eiffel est toujours là

9 **avoir l'air** - erscheinen
10 **rempli de mystère** - geheimnisvoll
11 **à la recherche de** - auf der Suche nach

bien droite au-dessus des toits. « Sous le ciel de Paris » chante mon oncle, de très bonne humeur, avec comme hier soir son sourire plein de mystère. Plus bas, nous prenons à gauche une petite rue qui descend elle aussi, la rue Jouye-Rouve. Un peu plus loin, la rue remonte et à gauche il y a l'entrée du Parc de Belleville, un parc où j'aime beaucoup aller. Aujourd'hui mon oncle n'entre pas dans le parc, il continue tout droit. Une deuxième entrée, une troisième entrée mais mon oncle n'entre toujours pas. Je ne comprends pas.

– Mon oncle, on ne va pas au parc aujourd'hui ?

Et là, à la quatrième et dernière entrée qui **donne sur**[12] la rue des Couronnes, mon oncle me fait signe de le suivre. Nous entrons enfin dans le parc, nous marchons sur de vieux **pavés** et il me dit : « Voilà ta rue, mon petit ! » Je le regarde en ouvrant de grands yeux, je ne comprends pas ; « Où ça ? » Il commence à me fatiguer avec tous ses mystères. Après tout, je ne suis pas un détective ! Je ne vois qu'un chemin avec des pavés et les arbres du parc, je ne vois pas de rue. Mon oncle rit. Nous ressortons du parc et il me dit :

– Lève la tête et regarde bien. Tu vois ce qu'il y a écrit sur ce bâtiment : « BOULANGERIE PATISSERIE ». Pourtant tu ne vois aucune boulangerie, n'est-ce pas ? Le texte est presque **effacé**[13] et on dirait plutôt une galerie de photos... Alors n'oublie pas ce que tu viens de voir et nous en reparlerons ce soir après dîner.

Bien installés le soir dans le canapé du salon, nous buvons une **tisane** et mon oncle prend un livre dans sa bibliothèque, encore un livre sur Paris. Il tourne les pages et trouve la photo qu'il veut me montrer.

der Kräutertee

- Regarde mon petit, tu vois la boulangerie, tu reconnais ce bâtiment ?

C'est encore une photo en noir et blanc, mais plus ancienne que celle que j'avais vue hier. Oui, je vois bien la façade d'une boulangerie (on y vend vraiment du pain), et plus loin je vois une petite rue qui monte, avec ses escaliers, la rampe en fer au milieu, les lampadaires, je lis « passage Julien Lacroix » et je reconnais ma rue **vue d'en bas**[14]. Mon oncle me donne alors un plan de Paris et me demande de la chercher. Rien ! Il y a bien la rue Julien Lacroix dans le vingtième arrondissement, mon oncle m'en a parlé car **le long de cette rue**[15] il y a une église catholique, un temple protestant et une synagogue, c'est pour lui l'image de Belleville. Mais pas de passage Julien Lacroix.

- Mon petit, la rue que tu cherches **a disparu**[16]. Elle existait encore quand j'étais plus jeune, une petite rue avec des vielles **bicoques**[17] d'ouvriers, les amoureux s'embrassaient la nuit dans les escaliers et les enfants jouaient devant la porte de chez eux.

Mon oncle voit mon air triste et continue :

- Tu l'aimes bien, le parc de Belleville, dis ? Tu aimes y jouer, t'y promener ? Eh bien quand ils **ont construit**[18] ce parc, ils **ont détruit**[19] le passage Julien Lacroix et d'autres rues comme la rue Vilin où l'écrivain Georges Perec a vécu enfant. Il ne reste que quelques pavés. Tu es triste, tu trouves qu'elle était plus jolie, ta rue ? Mais il faut bien que Paris respire, il lui faut des arbres, alors on doit parfois choisir, les vieilles bicoques ou un beau parc tout neuf...

12 **donner sur** - zu etw. hin liegen
13 **effacé(e)** - verblasst
14 **vue d'en bas** - von unten gesehen
15 **le long de cette rue** - entlang dieser Straße
16 **disparaître** - verschwinden
17 **la bicoque** (abwertend) - die schäbige Hütte; die Bruchbude
18 **construire** - bauen; herstellen
19 **détruire** - zerstören, (hier:) abreißen

le hibou (m.)

25 PAROLES DE HIBOUX

- Quelle idée ils ont eue !
- Tu trouves aussi que c'est très **laid**[1] ?
- Ah, on peut le dire, oui… Et je crois que je ne suis pas le seul à le penser, mais personne n'**ose**[2] le dire. C'est surtout que je ne comprends pas. Tu penses qu'ils ont fait ça pourquoi ? Ça ressemble à… enfin, non, je ne vais pas dire ça.
- Allez, dis-le !

- J'ai ma petite idée C'est **affreux**[3], n'est-ce pas ?
- Tu crois que c'est une plaisanterie ?
- Je n'ai pas dit ça.
- Allez, parle, tu as l'air de savoir, toi, ce que ça veut dire tout ça.

- C'est la vue qui est belle, tu ne trouves pas ?
- Tu changes de conversation… Tu l'as déjà croisé, le jardinier ?
- Non, on dit que personne ne l'a jamais vu.
- Tu veux dire qu'on ne sait pas qui taille le **buis** comme ça ? C'est pas eux qui ont demandé qu'il ait ces formes-là ?

- Ça fait des années que c'est taillé comme ça... Enfin, non, ça fait même bien plus que des années, ça doit faire au moins cent ans !
- C'est un jardinier très discret...
- Un **vieillard**[4] de plus de cent ans !
- Alors c'est quoi ton idée ?

Das **Château de Marqueyssac** wurde im 17. Jh. von Bertrand Vernet de Marqueyssac, einem Berater König Ludwig des XIV., erbaut. Es befindet sich inmitten der **Jardins de Marqueyssac**, über die Sie mehr auf S. 161 erfahren.

- Je n'ai pas d'idée.
- Tu viens de dire que tu as ta petite idée
- Eh bien mon idée, c'est qu'il n'y a pas de jardinier !
- Ça, c'est une drôle d'idée

- Enfin..., ce que je veux dire c'est qu'on **s'en fiche**[5] un peu de savoir qui a fait ça, non ? Je crois même qu'eux ils ne se sont jamais posé la question. Ça fait venir les touristes, c'est tout ce qui les intéresse. Ça remplit les caisses.

- Voilà, c'est spectaculaire, il y en a vraiment beaucoup. Plus de cent-mille, hein, c'est ça ?
- Tu crois que c'est juste parce qu'il y en a beaucoup que...
- Je veux dire, c'est spectaculaire comment ils sont taillés. Qui a dit qu'ils étaient taillés pour être beaux ? Ils ont été taillés pour être bizarres sans doute. C'est une curiosité, si tu veux.
- C'est une tradition en France, les curiosités...
- À mon avis, c'est juste **raté**[6], voilà tout. Tu sais les **collectionneurs**[7], ce sont rarement des artistes, c'est parfois juste des gens un peu **givrés**[8]. Tiens, tu as entendu

1 **laid(e)** - hässlich
2 **oser** - wagen
3 **affreux(-euse)** – scheußlich
4 **le vieillard** - der Greis
5 **se ficher de** - einem egal sein
6 **raté(e)** - misslungen
7 **le collectionneur** - der Sammler
8 **givré(e)** - beknackt

parler de sa dernière **lubie**[9], au propriétaire du château ? Tu l'as vu le dinosaure qu'il a fait venir d'Amérique ?

- Je ne sais pas si tu as remarqué, mais la nuit c'est sacrément beau !
- Tu veux dire, la vue ?
- Non, enfin oui, la vue évidemment, elle est belle tout le temps, la nuit comme le jour. Mais je parle des espèces de... D'ailleurs tiens, on ne sait même plus comment les appeler.
- Oui tu as raison, la nuit, c'est magnifique.
- Je vais te dire pourquoi : c'est que la nuit, tout l'ordre qu'ils ont essayé de faire pendant la journée, il se remet tout seul en **pagaille**[10]. Ça se remet à vivre **sans queue ni tête**[11] et ça se promène comme ça dans nos cerveaux : en désordre ! La nuit à la lueur de la lune, avec les ombres qui bougent, les trous noirs, on les voit autrement, ces formes... Quand il y a du brouillard, c'est encore plus beau !
- Tu veux dire qu'elles ont été faites pour être vues la nuit ? Mais le parc est fermé la nuit. Il y a juste les **paons** qui trainent là la nuit. Pour qui elles ont été faites alors ?
- Eh bien mon idée, c'est qu'elles ont été faites pour les bêtes comme nous, qui se promènent la nuit dans les parcs...

- C'est vraiment **une histoire à dormir debout**[12] !

le paon

der Pfau

- Tu sais que ton histoire me fait penser à une grotte, dans le coin... Une grotte avec des gravures sur les murs. Une nuit je me suis retrouvé enfermé là-bas. J'étais entré

le hérisson

der Igel

pour chasser, j'avais vu rentrer deux **hérissons** qui n'étaient pas ressortis

– Et tu les as retrouvés ? Ils étaient bons ?

– Oh oui ! Cette nuit-là, j'ai mangé pour la semaine. Je ne sais pas ce qu'ils étaient tous venus faire là-dedans. Je me suis endormi, j'avais le ventre vraiment très plein...

– Et alors pourquoi les boules de buis, elles te font penser à cette grotte ?

– Ça y est, j'**ai perdu le fil**[13] J'ai oublié.

– Je ne **vois pas** trop **le rapport**[14] avec le buis... Allez, rappelle-toi, tu étais en train de parler des hérissons... Est-ce qu'au moins tu les as vues, ces fameuses gravures ?

– Non, je n'ai rien vu du tout à ce moment-là, il n'y avait rien à voir, **je t'assure**[15]. Ah ça y est, j'ai retrouvé le rapport avec les **Jardins de Marqueyssac** : tu sais ce que j'ai vu, quand j'ai rouvert les yeux ? Des gens avec un ticket qu'on avait fait payer pour rentrer là-dedans ! Dans cette espèce de couloir tout noir sous la terre, qui fait plus de 300 mètres de long, où on n'y comprend rien du tout. Et là, ça doit faire presque 15.000 ans qu'on n'y comprend rien du tout !

mehr dazu auf S. 161

– Je ne vois toujours pas le rapport.

– Eh bien, si ! Le rapport, c'est qu'on ne voit rien là-bas non plus. Et que ça ne les empêche pas d'envoyer des guides pour raconter des histoires aux touristes. Des guides qui ont l'air de

9 **la lubie** – die Marotte
10 **en pagaille** – durcheinander
11 **n'avoir ni queue ni tête** – keinen Sinn machen
12 **une histoire à dormir debout** – eine unglaubliche Geschichte
13 **perdre le fil** (de sa pensée) – den roten Faden verlieren
14 **ne pas voir le rapport** – den Zusammenhang nicht erkennen
15 **je t'assure** (expr.) – das versichere ich dir

ca. 3 km lange Karsthöhle mit Felsbildern aus dem Jungpaläolithikum

voir quelque chose et d'avoir tout compris. Et pourtant je t'assure, on n'y voit vraiment rien.

- Et alors, qu'est-ce qu'il dit le guide ?

- Il parle des figures, de la composition, de la technique... C'est très clair d'ailleurs, ce qu'il raconte. Ils ont même donné un nom à la grotte, **figure-toi**[16] ! Elle s'appelle **Les Combarelles**, ne me demande pas pourquoi.

- Et toi, tu as compris quelque chose ?

- Non, rien du tout... Mais quand ils sont tous partis, j'ai commencé à y voir plus clair ! Dans la nuit de la grotte et dans le silence je les ai vus les dessins. C'était un sacré **fourbi**[17] ! C'est vrai, il y en avait partout, dans tous les sens, les uns sur les autres. Un truc de fous !

La morale de notre **fable**[18], c'est qu'il faut se méfier des histoires, surtout quand elles ont l'air trop claires ! Et toujours remettre les choses en désordre, faire en sorte que jamais l'ordre ne s'installe...

La vie n'est pas un musée bien rangé avec des arbres taillés, c'est un hibou qui vous le dit ! Le **sauvage**[19] et l'**apprivoisé**[20] sont toujours mélangés. On ne voit pas très clair dans tout ça. Alors on se raconte des histoires pour ne pas devenir fou... Des histoires à dormir debout.

16 **figure-toi** - stell dir das mal vor
17 **le fourbi** - der Krempel
18 **la fable** - die Fabel
19 **le sauvage** - der Wilde
20 **apprivoiser** - zähmen, erziehen

Les Jardins de Marqueyssac

... befinden sich in der Nähe von **Vézac**, in der **Dordogne**, im Südwesten Frankreichs.

la vallée

das Tal

Die Gärten liegen auf einem Felsplateau mit einem beeindruckenden Blick ins **Vallée de la Dordogne**.

Ursprünglich sahen die Gärten ganz anders aus, mit Terrassen, Alleen und sogar einer Reitpromenade.

Mitte des 19. Jh. pflanzte der neue Besitzer **Julien de Cervel** Tausende von Buchsbäumen. Heute sind es über 150.000!

Märchenhaft muten die organischen Formen an, die man auf rund 5 km Wegen bewundern kann. Die Gärten sind seit 1996 öffentlich zugänglich und zählen seit 1997 offiziell zu den nationalen historischen Monumenten des Landes.

26 BANLIEUE BIEN AIMÉE

Karim a toujours vécu à Bondy. Ses parents aussi. Ses grands-parents sont arrivés d'Algérie et se sont installés dans cette petite ville de la Seine-Saint-Denis, le 93. Le « neuf trois » comme l'appellent en **argot**[1] ses habitants fiers de leur département au Nord de Paris.

Deux mois de vacances en été, c'est long pour les adolescents. Il faut trouver des idées pour s'occuper. On **traîne**[2] avec la **bande**[3] de copains, on va chez les uns chez les autres, on organise un match au stade, on regarde le foot à la télé… Le Mondial par exemple, ça fait passer de super moments !

Le problème c'est que Karim n'aime trop le sport, et encore moins le foot. Le Mondial, quand les cafés du coin sont pleins de gens **scotchés**[4] devant l'écran de télévision, pour lui c'est plutôt un mauvais moment à passer ! Ses copains le regardent comme un **O.V.N.I.**[5]: « T'aimes pas le foot, toi ? Z'y vas, c'est pas possible, c'est comme pas aimer ta famille !»

Z'y vas, c'est vas-y en verlan, et le verlan c'est un argot où l'on prend les mots à l'envers : on dit la teuf pour dire la fête, zarbi pour dire bizarre...
Heureusement que ce Mondial n'a lieu que tous les quatre ans ! En attendant, cette année la France est en finale et l'après-midi du match tous ses copains, tous ses voisins sont devant la télé, chez eux ou au café. Karim traîne seul dans les rues désertes de Bondy.

L'appartement de la famille de Karim est au neuvième étage d'une des tours du quartier de l'église. Quel contraste entre les petites maisons anciennes et les hautes tours, entre la vieille église et les barres d'immeubles modernes qui l'entourent... Karim marche en direction de la gare le long de la rue Salengro. Personne ! Il passe devant l'école où il a fait ses années de maternelle et de primaire. Ça lui semble tellement loin, l'enfance... Deux minutes avant la gare, une petite **impasse** sur la droite l'attire, il ne s'est jamais promené de ce côté et découvre un reste du Bondy d'autrefois. L'allée du Moulin est bordée de petites maisons en pierres meulières typiques de la banlieue parisienne des années 1900-1930. En regardant ces maisons d'un étage avec leur petit jardin qui sent bon la **glycine**, on se croit un peu à la campagne, pense Karim, même s'il n'est jamais allé à la campagne...

Die Stadt **Bondy** liegt 9 km östlich von Paris und gehört zu deren Banlieue.

1 **l'argot** (m.) - die Umgangssprache
2 **traîner** - herumlungern
3 **la bande** - die Clique
4 **scotché** (ugs.) - (hier:) erstarrt
5 **l'O.V.N.I.** (m.) (Objet volant non identifié) - das Ufo

Karim s'avance vers le bout de l'impasse sans **croiser**[6] personne. D'une fenêtre ouverte, il entend le bruit lointain de la télévision, puis des cris de joie : les Bleus vont-ils **marquer un but**[7] ? La joie retombe, les cris s'arrêtent : pas de but. Le silence est total… ou presque, car au numéro 15, quelqu'un a bougé : un vieux bonhomme en **salopette** bleue sort de sa maison en regardant autour de lui avec méfiance. Il fait quelques pas dans l'allée et ouvre la porte de son garage. Il entre ; au moment de refermer la porte derrière lui, son regard croise celui de Karim : il a un regard froid, presque dur. La porte se referme et l'adolescent est de nouveau seul dans le silence **insolite**[8] de cet après-midi de juillet.

Une semaine plus tard, au supermarché du quartier de la gare, Karim est venu faire quelques courses et se retrouve à la caisse **nez-à-nez**[9] avec le vieil homme de l'impasse. Karim le reconnaît à sa salopette. L'homme a toujours ce regard froid et dur mais lui aussi l'a reconnu, Karim en est sûr.

Début août, le Mondial est loin et le foot n'occupe plus l'**essentiel**[10] des conversations. C'est une bonne chose pour Karim, la fin de son **isolement**[11], il peut de nouveau partager quelque chose avec la bande…

Ce jour-là il prend le **RER** avec des copains du lycée. Ils ont prévu d'aller au cinéma à **Rosa Parks**, un nouveau quartier du 19e arrondissement de Paris à trois stations de leur banlieue. Sur le quai, à quelques mètres du groupe d'adolescents, le vieil homme à la salopette est là, l'air visiblement nerveux. Il regarde du côté de Karim, tous deux se reconnaissent. Karim comprend au regard de l'homme qu'il a un problème.

– Bonjour Monsieur, vous avez besoin d'aide ?

– Euh… en fait, oui ! J'ai oublié quelque chose, quelque chose de très important. Il y a ma femme à la maison mais…

– Mais vous n'avez pas de téléphone. Je vous prête le mien !

L'homme le remercie et compose le numéro :

– Allo ? Josette ? C'est moi. Josette j'ai oublié de fermer la porte du garage. Tu peux le faire ?

… Non, pas tout à l'heure Josette, tout de suite ! Merci, merci beaucoup… Mais non, ne t'inquiète pas pour moi, à tout à l'heure !

L'homme rend le téléphone à Karim et lui sourit, l'air plus

6 **croiser** - auf jdn. treffen
7 **marquer un but** - ein Tor schießen
8 **insolite** - merkwürdig, ungewöhnlich
9 **nez-à-nez** - direkt gegenüber
10 **l'essentiel** (m.) - das Wesentliche
11 **l'isolement** (m.) - die Einsamkeit

détendu[12]. Il le remercie encore une fois pour le service, puis il propose :
- Que fais-tu demain, mon garçon ? Aujourd'hui tu es avec tes copains, c'est bien, mieux que l'autre soir où je t'avais vu traîner tout seul... C'est pas de ton âge, la solitude, c'est pour les vieilles **carcasses**[13] comme moi ! En tous cas si tu ne sais pas quoi faire, je peux te montrer quelque chose qui va t'intéresser. Enfin peut-être... C'est que les jeunes d'aujourd'hui, on ne sait pas ce qui les intéresse. Le foot ?
- Ah, non, surtout pas le foot ! Mais oui, je peux venir demain.
- Et tu sais où j'habite !
Karim retourne vers la bande. Ses copains **ricanent**[14] :
- C'est qui, ce vieux ? Tu le connais ?
- Un peu ! On s'est rencontrés le soir de la finale du Mondial...

Le lendemain après-midi, Karim sonne au 15 de l'allée du Moulin. Avec un peu d'**appréhension**[15], il entre dans l'allée qui mène au garage. La maison a l'air fermée mais la porte du garage est **entrouverte**[16] : c'est là que le vieil homme l'attend.
- Viens, c'est par là !
- Merci M'sieur !
- Ne m'appelle pas Monsieur, appelle-moi René !

Dans son garage, René a rassemblé... des pierres ! Karim regarde avec surprise ces tas de pierres de couleur ocre, de forme irrégulière et trouées comme du **gruyère**. C'est ça que l'homme a voulu lui montrer, juste des pierres ? Et pas vraiment belles...
- Pardon M'sieur, euh René. C'est quoi, toutes ces pierres ?

le gruyère
der Schweizer Käse

– Pas n'importe quelle pierre, mon garçon ! De la meulière ! C'est avec ça qu'on a construit les anciennes maisons de Bondy. Regarde comme elle est belle ! Et puis solide. Tu sais pourquoi on l'appelle meulière ?
– Non M'sieur René !
– Parce que les mêmes pierres, enfin les plus solides, on les a utilisées pour faire des **meules** pour les moulins, les moulins comme le nom de cette impasse ! Les pierres de moins bonne qualité ont servi pour les maisons : on dit qu'avec tous leurs trous, elles font un bon isolant thermique…
– Alors pardon si je vous pose une question indiscrète, mais pourquoi vous les gardez dans votre garage, ces pierres ? Et pourquoi vous étiez si stressé l'autre jour sur le quai du RER quand vous aviez oublié de fermer la porte ? Vous avez peur qu'on vous les vole ?

la meule
der Mühlstein

Le vieil homme explique à Karim ce que représentent ces pierres pour lui. On sent qu'il est **ému**[17]… Ces pierres, c'est son trésor, la **mémoire**[18] de son enfance et l'**âme**[19] de sa banlieue bien-aimée : ce qui reste de son ancienne maison de famille, détruite dans les années 80 pour pouvoir construire une barre d'immeuble de dix étages dans le quartier de l'église, peut-être celle-là même où habite aujourd'hui Karim avec sa famille…

12 **détendu(e)** – entspannt
13 **la carcasse** – das Gerippe
14 **ricaner** – kichern
15 **l'appréhension** (f.) – die Besorgnis
16 **entrouvert(e)** – einen Spalt offen
17 **ému** – bewegt
18 **la mémoire** – das Gedächtnis, die Erinnerung
19 **l'âme** (f.) – die Seele

27 LE COUP DE JORAN

Lac Léman ist der französische Name für den Genfersee.

Prendre le bateau pour aller travailler le matin ! C'était mon rêve il y a longtemps... Aujourd'hui, c'est mon **quotidien**[1] et je ne m'en lasse pas ! C'est un enchantement qui se répète chaque jour de l'année : traverser le **Léman** aux premières heures du jour. Je suis ce qu'on appelle un **frontalier**[2].

La plupart des frontaliers que je connais passent deux heures dans leur voiture le matin et deux heures le soir. Ils vivent à la campagne, même à la montagne, mais ils passent leur vie dans les **bouchons**, comme des millions de Parisiens ! Je ne les comprends pas. Cela vaut le coup d'habiter à la montagne pour avoir cette vie-là ! Cela n'a pas toujours été comme ça, mais depuis quelques années, c'est devenu vraiment **galère**[3] de rejoindre ou de quitter Genève aux **heures de pointe**.

Comment ils supportent ça tous les jours ? Je me le demande souvent. Je me dis que j'ai vraiment de la chance, moi. Mais je ne peux m'empêcher de penser qu'ils ont quand même choisi cette vie. En tout cas ils ont le choix maintenant de rester ou de partir. Au fond, personne ne les oblige à vivre comme ça.

Moi, je n'ai que le lac à traverser pour rejoindre mon bureau à Lausanne. Je travaille à la bibliothèque de l'école polytechnique. Cette étendue d'eau entre ma vie professionnelle et ma vie privée, c'est une **bénédiction**[4].

Cela tombe assez bien, je ne m'entends pas avec mes collègues de travail. Ils ne risquent pas de m'inviter à dîner après la journée.

J'ai deux vies, parallèles, et je suis conscient d'avoir beaucoup de chance. Ces deux vies ne se mélangent pas, c'est plus simple comme ça, je crois. Entre les deux, il y a le lac bien sûr, mais il y a aussi une frontière. De la fenêtre de l'appartement, je vois mon bureau, mais c'est un autre monde ! Je le vois comme quelque chose d'exotique. Il est à la fois tout proche et très loin. Du coup, je n'y pense jamais avec **appréhension**[5]. Il faut 35 minutes pour traverser, et c'est un pur plaisir. Le paysage est **sublime**[6] à l'aller, et sublime au retour !

Évian est une ville toute petite, pas spécialement jolie. Le site, lui, est extraordinaire ! C'est un gros village qui est devenu très riche **du jour au lendemain**[7] à cause de cette histoire d'eau. Maintenant la ville attire énormément de monde. Il y a les thermes, des gros hôtels chics, un théâtre, un casino…

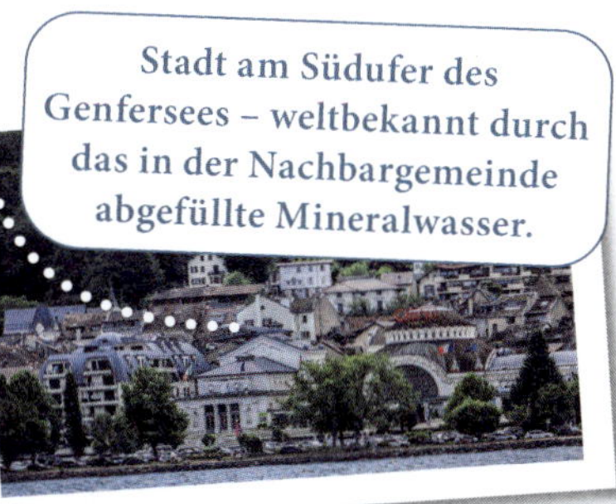

Stadt am Südufer des Genfersees – weltbekannt durch das in der Nachbargemeinde abgefüllte Mineralwasser.

1 **le quotidien** – der Alltag
2 **le frontalier** – der Grenzgänger
3 **la galère** (ugs.) – die Plackerei
4 **la bénédiction** – der Segen
5 **l'appréhension** (f.) – die Angst
6 **sublime** – wundervoll
7 **du jour au lendemain** – von einem Tag auf den anderen

Mon bureau se trouve dans un bâtiment très étrange qui vient d'être construit au bord die Trinkhalle

du lac : une espèce de dalle en béton qui **ondule**[8] comme une vague ou comme un pont avec plein de fenêtres. Mon bureau donne sur le Léman, et de là avec des jumelles, je peux apercevoir un autre bâtiment presque aussi étrange que celui-ci... Un bâtiment que j'aime beaucoup, qui se trouve sur l'autre rive, à Évian.
Celui-là est beaucoup plus ancien, il date de la fin des années 50. Mais ce qui m'amuse, c'est que les deux se ressemblent un peu et ont l'air de se regarder. Je ne sais pas si l'architecte japonaise qui a dessiné le Learning Center connaît la grande halle **vitrée**[9] d'Évian dessinée par Jean Prouvé pour l'établissement thermal. La « **buvette** », on l'appelle... Voilà à quoi je suis en train de penser ce matin dans le bateau... Je dors encore un peu, il est 7h24, quand soudain toutes les lumières **s'éteignent**[10]. Un **grondement de tonnerre**[11] fait vibrer toutes les vitres et on ressent une violente **secousse**[12]. Le bateau est en train de tomber dans un trou en plein milieu du lac, voilà ce que je pense à cet instant. Je n'entends plus le moteur : est-ce que le bateau est en panne ? Est-ce qu'on va **chavirer**[13] ?

Quelqu'un crie :
- C'est le Joran !
Le bruit de l'orage est tellement fort que je ne comprends pas.
- Qu'est-ce qu'il a dit ? je crie.
- Le Joran, c'est un coup de Joran ! Ça va passer.
- J'espère bien que ça va passer. Mais pour l'instant ça ne passe pas !

Effectivement ça ne passe pas... Il est 8h15 et on est toujours là. On ne voit plus la rive, ni Évian, ni Lausanne ! Et curieusement, le jour ne se lève pas.

– Vous êtes sûrs qu'on est toujours sur le lac ?
– Où voulez-vous qu'on soit ? Eh, ne **tremblez**[14] pas comme ça ! Ça ne va pas durer longtemps.
– Tu parles ! Et c'est normal qu'ils ne redémarrent pas les moteurs ?
– C'est juste un orage !

Il se met à faire vraiment froid aussi, c'est complètement **dingue**[15] ! On a tous entendu raconter ça mais tant que ça ne vous arrive pas, c'est difficile à croire ! C'est connu : sur le Léman, le climat peut changer brusquement, on peut changer brutalement de saison dans la même journée.
D'accord, et alors ? Et alors ce jour-là, vous pouvez être sûr que vous n'allez pas arriver à l'heure au bureau. Sans-doute même vous n'allez pas arriver du tout ! Les bateaux sont souvent obligés de **faire demi-tour**[16] à cause du Joran.

Le Joran, souvenez-vous en, c'est un vent imprévisible qui **s'abat**[17] violemment sur le lac. Il **dévale**[18] les montagnes à toute vitesse, on ne le voit pas venir. Et quand il est là, ça ne rigole pas !
Quand vous voyez des nuages noirs sur le Jura, je vous conseille de rester chez vous ! Car ils n'annoncent jamais rien de bon...

Soudain je me dis que finalement, si j'étais au chaud dans ma voiture, coincé dans un bouchon...

8 **onduler** – sich schlängeln
9 **vitré(e)** – aus Glas
10 **s'éteindre** – ausgehen
11 **le grondement de tonnerre** – der Donnerschlag
12 **la secousse** – die Erschütterung
13 **chavirer** – kentern
14 **trembler** – zittern
15 **dingue** – verrückt
16 **faire demi-tour** – umkehren
17 **s'abattre** – über etw. hereinprasseln
18 **dévaler** – herunterrasen

Der Name **Quiberon** bezeichnet sowohl die Hafenstadt als auch die Halbinsel in der Bretagne.

28 LE PHARE DES RÊVES

Marcel et Reynaldo ont pris le dernier bateau. Ils sont arrivés à **Quiberon** dans la plus grande discrétion. Ils arrivent de Dieppe où ils viennent de passer deux semaines. Ils ont **embarqué**[1] à pied, sans bagages, sans compagnie. Leur histoire a commencé il y a un peu plus d'un an, mais c'est la première fois qu'ils font un voyage ensemble. Ici, personne ne les connaît, ils vont enfin **avoir la paix**[2] : la ville rend leur histoire bien compliquée.

Paris est loin et Belle-Île en septembre est une pure merveille ! Ils sont montés sur le bateau. Le continent s'éloigne. Il fait frais sur le pont mais c'est là haut qu'il faut être pour ressentir des pieds à la tête l'émotion de la traversée.

Marcel a laissé ses carnets à Paris, ses notes de cours, ses **brouillons**[3]. Il a laissé la bibliothèque Mazarine où il travaille depuis quelques mois. Il a **décliné**[4] toutes les invitations parisiennes, renoncé à plusieurs soirées à Saint-Germain. Sans regret, aucun. Bien au contraire !

Depuis quelque temps, il fréquente moins volontiers les salons. Il leur préfère les visites au musée. Aux grands dîners mondains, les sorties à deux. Il **sèche** volontiers **les cours**[5] à la fac, depuis qu'il a rencontré son ami.

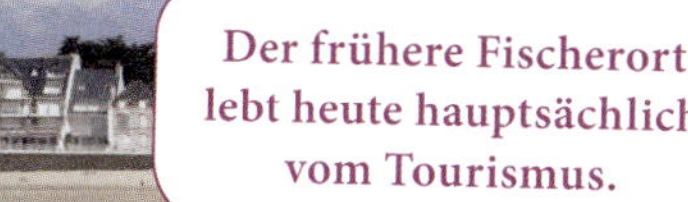
Der frühere Fischerort lebt heute hauptsächlich vom Tourismus.

1 **embarquer** - an Bord gehen
2 **avoir la paix** - seine Ruhe haben
3 **le brouillon** - die Blaupause
4 **décliner une invitation** - eine Einladung ablehnen
5 **sécher les cours** - blaumachen
6 **les tourtereaux** (m.) - das Liebespaar (wörtl.: die Turteltäubchen)
7 **le halo** - das Licht
8 **limpide** - klar

Pour Reynaldo, c'est la même chose : le Conservatoire est une prison. Il n'est pas pressé de faire sa rentrée.

Voilà donc nos deux **tourtereaux**[6] sur le bateau pour Belle-Île, rêvant d'absolu.

La silhouette de l'île apparaît soudain à l'horizon, dans le contre-jour du crépuscule. La nuit tombe plus tôt début septembre et la pointe des Poulains se détache dans un **halo**[7] orangé, en ombres chinoises sur un ciel **limpide**[8], très nette, posée sur la mer.

À cette époque, Marcel est tout jeune et il trempe du pain grillé dans son thé sans que cela ne lui fasse le moindre effet.
Ce qui lui fait de l'effet, c'est Reynaldo, le creux de son dos quand il sort de l'eau.

Ils se sont baignés dans les **galets** à **Dieppe**. Cet été de 1895 est un très bel été, qui va marquer durablement les deux garçons et nourrir leur œuvre.

le galet – der Kieselstein

la falaise – das Kliff; die Steilküste

Dieppe liegt an der sogenannten **Alabasterküste**, deren Kreidefelsen z.T. über 120 m hoch sind.

Ils n'ont pas réservé d'hôtel, ils vont dormir **à la belle étoile**[9]...

À peine débarqués dans le port de Palais, les voilà à la recherche d'un phare ! Le phare dont ils ont vu, quelques instants plus tôt depuis le bateau, la lumière **balayer**[10] l'espace. Ils cherchent maintenant la pointe où se trouve ce phare, cette pointe qui a **aimanté**[11] leurs regards pendant toute la fin de leur traversée. C'est là qu'ils veulent passer la nuit. Ils ne l'ont pas quittée des yeux, cette pointe, puis elle a disparu derrière les murs de la citadelle. Ils ont comme l'intuition d'une **révélation**[12].

der Karren

On leur indique la route de Sauzon. Un paysan les emmène dans sa **carriole**. Ils font le dernier kilomètre à pied...

Il fait nuit maintenant, une nuit claire heureusement. On sent le vent, il fait frais la nuit, en Bretagne.

Le phare enfin apparaît ! Il est tout petit, en haut d'un chemin. On entend l'eau contre les rochers de tous les côtés. Ils comprennent qu'ils sont sur une pointe. C'est la **Pointe des Poulains** !

Halbinsel im Nordosten der Insel **Belle-Île-en-Mer** in der **Bretagne**. Wahrzeichen der Halbinsel ist der Leuchtturm **Phare des Poulains**, zu Deutsch ‚Leuchtturm der Fohlen'.

die Heide

Ils s'assoient au bord de l'eau, plongés dans leurs pensées. Ils sont très loin d'imaginer ce qui va leur arriver le lendemain matin.
L'endroit qu'ils ont choisi pour dormir est calme. Ils sont sous un **figuier**[13], dans quelque chose qui ressemble vaguement à un jardin. Derrière ce jardin commence la **lande**. Ils sont tout au bord de la côte sauvage, celle exposée plein ouest par où arrivent les tempêtes...

Mais ce n'est pas une tempête qui va les réveiller... Ce sont des poules ! Marcel ouvre un œil, il ne sait pas où il est, ni dans quel lieu, ni à quel moment de sa vie...
Les poules le ramènent à Illiers, dans le jardin de son grand-père. Les images se **brouillent**[14] dans sa tête.

le perroquet

Un chien lui lèche le visage. Un autre **renifle**[15] les pieds de Reynaldo. D'où sortent-ils ? Il y a un caméléon avec eux, non, pas un caméléon : deux caméléons ! Cette fois, Marcel est bien réveillé : il **écarquille**[16] les yeux. Une grande dame s'approche d'eux, elle porte une cage avec deux **perroquets**. Tous les matins elle vient ici, les installer sous son figuier.

Marcel et Reynaldo entendent des voix. La dame n'est pas seule avec ses animaux. Elle est même en bonne compagnie, apparemment. Une partie de **pêche**[17] se prépare. Des gens traversent le jardin en criant avec des

der Papagei

9 **à la belle étoile** – unter freiem Himmel
10 **balayer** – (hier:) streifen
11 **aimanter** – magnetisieren
12 **la révélation** – die Enthüllung
13 **le figuier** – der Feigenbaum
14 **se brouiller** – (hier:) sich mischen
15 **renifler** – schnuppern
16 **écarquiller les yeux** – die Augen aufreißen
17 **la pêche** – das Angeln

l'épuisette (f)

der Kescher

épuisettes. Au loin, Reynaldo entend des notes jouées sur un piano, il reconnaît la troisième Gymnopédie de Satie. Il se lève d'un bond et court vers la maison, sans même saluer la dame avec sa cage. Il ne l'a pas reconnue. Sans doute parce qu'elle n'est pas **maquillée**[18], qu'elle n'a pas ses bijoux ni ses chapeaux...

La grande dame a beaucoup d'allure malgré sa tenue. Avec son vieux chapeau de paille troué et sa longue robe en toile.

– Vous venez avec nous à la pêche aux crevettes ?

Marcel et Reynaldo reviennent de leur surprise : l'endroit est idyllique. La vue, sublime. C'est un vrai paradis.

la malle en osier

der Weidenkoffer

Au milieu des **malles en osier** et des cages, ils reconnaissent un décor qui leur est familier, un décor de théâtre **haut en couleurs**[19]. Ils devinent qu'ils viennent de rencontrer la grande Sarah Bernhardt, dans

le fort

die kleine Festung

Das **Fort Sarah Bernhardt** ist eine Militärfestung aus dem 19. Jh., unweit des **Phare des Poulains**.

le **fort** qu'elle vient d'acheter à Belle-Île. Ils se souviennent qu'ils ont entendu dire, à Paris, qu'elle aime se retirer ici, loin **des feux de la scène**[20].

C'est qu'elle aussi, les mondanités l'ennuient ! Comme eux, elle se sent mieux ici et préfère les siestes sous les tamaris aux soirées en ville. Marcel et Reynaldo se regardent amusés.

L'année suivante, lorsqu'elle les rencontre dans un dîner à Paris, Sarah les reconnaît. Elle réalise alors que les deux campeurs **débraillés**[21] des Poulains qui ne se sont même pas présentés, n'étaient autres que Marcel Proust et Reynaldo Hahn.

Sarah Bernhardt (1844 – 1923) gilt als die berühmteste französische Schauspielerin ihrer Zeit und war einer der ersten Weltstars.

18 **maquillée** - geschminkt
19 **haut en couleurs** - pittoresk
20 **les feux de la scène** - das Rampenlicht
21 **débraillé(e)** - schludrig

la solitude

die Einsamkeit; die Abgeschiedenheit

Die französische Schauspielerin **Sarah Bernhardt** entdeckte den Ort 1894 und verbrachte dort in den nächsten 30 Jahren ihre Sommerferien. Heute befindet sich in dem Fort ein Museum; auch der Leuchtturm kann besichtigt werden.

La Côte de Granit Rose

… liegt an der Nordküste der
Bretagne bei **Lannion**.

Die bizarren Felsformationen aus uraltem, rosafarbenen Granit bilden eine fast unwirkliche Landschaft.

Sollten Sie sich einmal auf den Weg in die Bretagne machen, probieren Sie unbedingt eine **galette-saucisse**! Der schnelle Imbiss aus einer gebratenen Schweinswurst, die in eine Buchweizen-Galette gehüllt wird, ist typisch für diesen Teil der Bretagne.

Achtung! Verwechseln Sie nicht **galette** und **crêpe**, die fast gleich aussehen. Erstere werden aus Buchweizenmehl hergestellt und herzhaft gegessen. Letztere werden aus Weizenmehl hergestellt und süß gegessen.

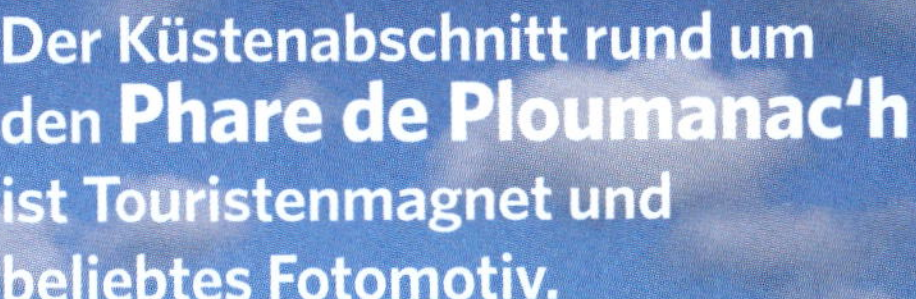

Der Küstenabschnitt rund um den **Phare de Ploumanac'h** ist Touristenmagnet und beliebtes Fotomotiv.

le rocher

der Felsblock

Benötigen Sie noch ein Mitbringsel? Dann greifen Sie zu **crème de caramel au beurre salé**; die Salzkaramellcreme ist typisch für die Bretagne und eine wahre Sünde!

29 UNE VILLE À LA CAMPAGNE

Sens liegt rund 80 km südöstlich von Paris, im **Département Yonne**. Durch die Stadt fließt der gleichnamige Fluss **Yonne**.

En s'installant à **Sens**, Guy a choisi ce que beaucoup n'ont pas choisi : quitter Paris. Même s'il y travaille tous les jours, il ne vit pas à Paris.

Souvent, les gens quittent Paris **à contre-cœur**[1]. Ils y sont venus pour leurs études, y ont rencontré leur futur mari, leur future femme, y ont eu un, deux enfants, et puis au troisième : fini Paris ! Les **loyers**[2] sont trop élevés, les enfants ne peuvent pas avoir chacun leur chambre et toute la famille déménage en banlieue ou en province. Adieu le joyeux **tourbillon**[3] de la capitale…

Guy vit seul à Sens et n'a pas quitté Paris pour des raisons économiques. Il a choisi Sens pour des raisons de cœur.

Il est chauffeur de bus à la **R.A.T.P.**[4] et chaque jour, il s'habille d'un uniforme vert foncé pour aller travailler. Chaque matin, à la même heure (8h29), il prend le même train en gare de Sens et retrouve sur le quai le même groupe de personnes. Nora, Isabelle, Jean-Charles et le dernier, comment s'appelle-t-il déjà ? Guy lui a demandé son prénom puis il l'a oublié, maintenant il n'ose plus le redemander. Il est trop timide pour le faire. Les autres ils sont tellement **bavards**[5], Isabelle surtout. Guy, lui, est plutôt silencieux. Ce qu'il aime, c'est être

avec ce groupe sympathique chaque matin, c'est confortable et ça lui donne du courage avant la journée de travail. Il les écoute raconter leurs petites histoires :
- Ma fille a des problèmes à l'école, ça m'inquiète…
- J'ai enfin vendu mon scooter !
- Je me suis acheté une nouvelle table, elle est super grande, et en plus j'ai fait une affaire…

Guy est arrivé à Sens il y a deux ans. Deux fois **le cycle des saisons**[6] dans cette petite ville de Bourgogne à une heure de Paris, à attendre les beaux jours avec impatience.
Pour pouvoir profiter des terrasses de café en face de la cathédrale Saint-Étienne ? Non !
Pour se promener dans ses rues **médiévales**[7] en admirant les maisons à **colombages** ? Non plus !
Pour le petit groupe du train de 8h29, Guy reste un mystère :
- Toujours **muet**[8]…
- Toujours perdu dans ses pensées…
- On ne l'intéresse pas ? Qu'est-ce qui l'intéresse, en fait ?

1 **à contre-cœur** - widerwillig
2 **le loyer** - die Miete
3 **le tourbillon** - der Wirbel
4 **la R.A.T.P.** (Abk. für Régie Autonome des Transports Parisiens) - Pariser Verkehrsbetriebe
5 **bavard(e)** - geschwätzig
6 **le cycle des saisons** - der Rhythmus der Jahreszeiten
7 **médiéval(e)** - mittelalterlich
8 **muet(te)** - stumm

À la cathédrale **Saint-Étienne** (la première cathédrale gothique de France !), Guy préfère sa « cathédrale moderne », comme il l'appelle : un vieux **silo à grains** abandonné le long de l'Yonne, la rivière qui passe à Sens. Et aux couleurs des colombages, il préfère les lumières sur l'eau, les herbes folles… Toute une vie cachée qu'il a découverte dans cette ville à la campagne : le voilà son **jardin secret**[9] .

Dans le sac de Guy, en plus d'une bouteille d'eau, d'un téléphone, de clés et d'une paire de lunettes de soleil, un petit **carnet** est rangé dans une poche.

Un jour, le train est un peu en retard, il faut monter vite, on **se bouscule**[10] … Le sac de Guy s'ouvre, le carnet tombe. Isabelle le ramasse et l'ouvre par réflexe.

– Alors, c'est ton carnet de secrets ? Je peux regarder ?

Guy se tourne vers elle, il est tout rouge.

– Mais non, je blague, tiens, le voilà !

Avant de lui rendre le carnet, Isabelle a eu le temps d'apercevoir des **chiffres**, des **initiales**, des **dates**...

26.06 – 2 CY + 5 cy / RG
27.06 – 1 CA + 7 ca / RG
02.07 – 2 CY + 5 cy / RD

la date – das Datum
l'initiale – der Anfangsbuchstabe
la chiffre – die Ziffer

– C'est quoi ce code ?
Tu nous expliques ?
Guy ne répond pas et range vite le carnet au fond du sac. Il ne va pas expliquer à Isabelle ni à personne le sens de ses hiéroglyphes.

Guy aime sa ville de Sens, sa ville à la campagne. Il aime se promener le soir sur les berges de l'Yonne avec leurs herbes hautes, traverser le petit pont de pierres pour arriver jusqu'à l'**écluse**[11] de Saint-Bond, s'asseoir pour regarder le **barrage**[12] en écoutant son bruit continu de cascade... Quand un train passe à toute vitesse de l'autre côté de l'Yonne, Guy l'entend à peine et l'oublie aussi vite... Il profite du calme, du coucher de soleil qui **se reflète**[13] dans l'eau, du spectacle de la nature et du bruit des insectes... Le soir, une fois rentré du travail, il enlève son uniforme vert foncé et s'en va seul, comme à un rendez-vous.

Un rendez-vous avec des amis discrets qui ne vont jamais lui demander ce qu'il pense, ni ce qu'il aime, ni pourquoi il se tait, des amis qui ne vont jamais essayer de regarder ce qu'il a écrit dans son carnet.

9 **le jardin secret** – (hier:) das Innerste
10 **se bousculer** – sich anrempeln
11 **l'écluse** (f.) – die Schleuse
12 **le barrage** – der Staudamm
13 **se refléter** – sich widerspiegeln

Des amis avec des **ailes** et des **plumes**, des amis qui volent et qui nagent…

Un couple de **cygnes** et leurs petits : cinq frères et sœurs qu'il voit grandir semaine après semaine… Ou des **canards** avec leurs petits qui sautent à toute vitesse de **nénuphar**… Tous ces oiseaux, il les observe sur les **rives** de l'Yonne : rive gauche du côté de l'Île d'Yonne, rive droite du côté du centre-ville. Chaque fois, il note sur son carnet le jour et le lieu pour s'en souvenir…

le canard

die Ente

die Seerose

le nénuphar

Un matin en allant à la gare, il a aperçu la petite famille de canards endormie sur la berge, le cou replié sous les plumes… Quel spectacle : il a **failli**[14] rater son train ce jour-là. Cette famille, c'était devenu la sienne. Il était tellement bien avec eux, c'était difficile de les quitter…

Oui, Guy a choisi Sens pour des raisons de cœur, suite à un **coup de foudre**[15] . Et ça ne se discute pas, un coup de foudre !

Le premier jour où Guy a **débarqué**[16] à Sens, il a traversé l'Yonne pour se rendre de la gare au centre-ville. Après le pont, il est descendu sur le quai. Quelques **péniches**, pas grand monde… Soudain, un cygne s'est envolé au-dessus de l'eau, avec majesté, suivi d'un deuxième. Un instant, dans le ciel, les deux n'ont fait qu'un sous les yeux **émerveillés**[17] de Guy. C'est ce jour-là qu'il s'est dit : c'est ici que je veux vivre !

14 **faillir –** fast etw. getan haben
15 **le coup de foudre –** Liebe auf den ersten Blick
16 **débarquer –** auftauchen
17 **émerveillé –** voller Bewunderung

30 LES COULEURS DU PASSÉ

J'arrive tard le soir à **Saint-Jean-Pied-de-Port**, en plein cœur du Pays Basque. Fatigué et énervé par un voyage **à rallonge**[1]. Madame Etcheverry, qui tient la chambre d'hôte, m'attend.

– Mon train a eu du retard, je suis désolé.

– Vous devez être bien fatigué ! Votre chambre est la première à gauche sur le **palier**[2]. Pour demain matin, je vais tout vous préparer dans la cuisine. Thé, café ?

Madame Etcheverry me regarde à peine. Elle m'a donné les informations nécessaires, elle me laisse seul, voilà quelqu'un qui **ne fait pas de zèle**[3].

Je suis venu dans ce coin du Pays Basque pour un enregistrement de pièces d'**orgue**[4] de **Buxtehude**. Drôle de métier que le mien ! Je suis ingénieur du son ; je travaille pendant l'année à la Maison de la Radio à Paris, et l'été, je pars enregistrer en province ou à l'étranger. Pourquoi un disque de musique allemande en plein cœur du Pays Basque ?

Dieterich Buxtehude (~1637 – 1707) war ein dänisch-deutscher Barockkomponist, der zahlreiche Orgelwerke schuf.

Parce que dans l'église de Saint-Étienne-de-Baïgorry (à quinze minutes de Saint-Jean-Pied-de-Port) il y a un orgue baroque allemand. Je n'aime pas spécialement l'orgue, mais sa sonorité est complexe et ce disque est un peu un **défi**[5] professionnel pour moi. Alors j'y vais !

Pour le moment, je suis surtout très fatigué et déçu de l'accueil assez froid de mon hôtesse. Je monte l'escalier qui mène à l'étage. Avant d'ouvrir la porte de ma chambre, je remarque sur le mur du palier une curieuse décoration : quatre paires de **chaussons**[6] en ligne, accrochés par leurs **lacets**[7]. On peut imaginer qu'ils étaient de couleur vive, il y a longtemps, peut-être rouge ou du rose ? Mais avec le temps la couleur a presque disparu. Les chaussons sont de toutes les tailles : petits, moyens, grands, une famille de chaussons. Un peu **miteux**[8] comme décoration, et puis triste surtout, comme la tête de Madame Etcheverry ce soir…

Le lendemain, le petit déjeuner m'attend effectivement dans la cuisine. Celle qui l'a préparé ne se montre pas, dommage. Je suis bavard, j'aime bien rencontrer de nouvelles personnes, mais on ne peut pas forcer les gens ! Je me prépare : quelqu'un de l'équipe va venir me chercher en voiture.

Et voilà, nous partons par les routes de montagne vers le lieu de l'enregistrement. Le paysage est magnifique ! Je me sens très loin de chez moi, dans ce pays étonnant, à moitié français et à moitié espagnol. Je connais à peine ses traditions. Je me souviens juste d'un restaurant basque à Paris où j'étais allé il y a quelques années, on buvait

1 **à rallonge** – mit Verlängerung
2 **le palier** – der Treppenabsatz
3 **faire du zèle** – übereifrig sein
4 **l'orgue** (m.) – die Orgel
5 **le défi** – die Herausforderung
6 **le chausson** – der Hausschuh
7 **le lacet** – der Schnürsenkel
8 **miteux(-euse)** – schäbig

le brebis

das Mutterschaf

dans des verres très bas, il y avait du fromage de **brebis** avec de la confiture de cerise noire...

- Sympa, ta chambre d'hôte ?

- La chambre, ça va, mais la logeuse Une vraie **porte de prison**[9] !

schweizer Chalets

Arrivé à **Saint-Étienne-de-Baïgorry**, je remarque de grandes maisons qui ressemblent à des **chalets suisses** avec leurs balcons de bois. Le Pays Basque n'a pas fini de me surprendre ! Nous garons la voiture sur la place devant l'église pour décharger le matériel. L'équipe est au complet : l'organiste, son assistant, le directeur artistique avec qui j'ai fait la route et moi-même, l'ingénieur du son. Nous entrons dans l'église, là où nous allons rester enfermés des jours et des jours jusqu'à ce que toute la musique soit « dans la boîte » ! J'en ai fait des disques et j'en ai vu des églises, à chaque fois c'est une nouvelle aventure acoustique. Je dois m'adapter, tester la **réverbération**[10], savoir où placer mes micros. Là, c'est d'abord un choc esthétique qui m'attend.

Die Kirche **St-Étienne** wurde im 18. Jh. auf romanischen Grundmauern errichtet. Besonders sind die dreistöckigen Emporen, der erhöhte Chor und die Orgel im Stil des Barock von Rémy Malher.

Je regarde à peine l'orgue. Son **buffet** est très beau avec ses dorures et ses sculptures, mais ce qui me fascine, ce sont les trois étages de **galeries** de bois sombre à l'intérieur de l'église, je n'ai jamais vu ça ! J'ai l'impression d'être dans un théâtre ou dans un grand bateau. Ça va être un beau disque, c'est sûr.

Le soir, de retour à Saint-Jean, Madame Etcheverry m'accueille avec le même regard absent mais j'ai décidé de faire des efforts pour la **dérider**[11]. Je lui raconte ma journée. Elle ne connaît pas Buxtehude, je lui épelle : B-U-X

– Chez nous le X se prononce CH. Etcheverry, ça vient de etxe ou etche, ça veut dire la maison. Etcheverry c'est la maison neuve. Oui, je sais, ma maison n'a rien de neuf, ne riez pas !

– Je ne ris pas. Je suis ravi d'apprendre des mots en basque. Du coup, j'ai une question : pouvez-vous me dire ce que sont ces galeries dans l'église ? C'est une tradition ?

– Oui, elles ont été construites pour gagner de la place, pour pouvoir faire rentrer tout le monde dans l'église. Les hommes en haut, les femmes en bas. Certains disent que c'était pour que les hommes **surveillent**[12] les femmes.

Nous montons ensemble à l'étage. Madame Etcheverry surprend mon regard interrogateur lorsque nous passons devant la rangée de chaussons.

– Ce sont de vieilles espadrilles. Si les traditions basques vous intéressent, allez donc visiter

9 **la porte de prison -** (hier:) total unfreundlich

10 **la réverbération -** der Widerhall

11 **dérider -** (hier:) zum Lächeln bringen

12 **surveiller -** überwachen

la fabrique à Mauléon Soule, c'est à trois-quarts d'heure de route d'ici.
– Bonne idée. Si on me donne un après-midi de congé !

J'ai proposé à l'assistant de l'organiste de m'accompagner pour la visite. L'organiste préfère travailler ses toccatas et le directeur artistique veut écouter les premières **prises**[13]. Tant pis pour eux ! Moi, ça m'amuse de voir comment on fait ces chaussons, d'ailleurs je vais en acheter une paire pour ma fille... Tout est artisanal. J'observe avec attention les étapes de la fabrication d'une paire d'espadrilles : on coupe des formes dans la **toile** de coton, un coton très résistant typique du Pays Basque, puis on enroule un **lacet de jute** pour faire la **semelle** et pour finir, on fait fondre de l'hévéa sur la semelle pour la rendre **imperméable**[14]. Beau travail !

J'ai choisi pour ma fille une paire d'espadrilles avec des rayures roses et blanches. Le soir, je les montre à Madame Etcheverry. Je sens qu'elle est émue. Quelque chose de son passé remonte à la surface, c'est évident, mais ça a l'air de lui faire mal. Elle a dû mettre un sacré **couvercle**[15] dessus ! Je ne pose aucune question, je lui souhaite bonne nuit et je monte me coucher.

Le lendemain, je la croise au petit-déjeuner et je lui propose d'assister à une séance d'enregistrement.
– Aujourd'hui ou demain... Si vous aimez l'orgue !
– Je vais réfléchir. Merci d'avoir proposé, dans tous les cas.

Madame Etcheverry accepte ma proposition. Dans la voiture, elle ne dit rien. Dans l'église, rien non plus. Et puis quand les premiers accords résonnent, elle devient toute pâle. Je la vois sortir un **mouchoir**, je ne veux pas intervenir, de toute façon je suis trop occupé avec mes micros.

das Taschentuch

Le soir, elle tient à me raconter son histoire :
– J'avais sept ans. Nous sommes allés à un mariage, mes parents, mon grand-frère et moi, une grande fête de famille dans les Landes. Vous connaissez les forêts de pins là-bas ? Une merveille.
– Et les espadrilles ?
– Chacun avait sa paire, sa couleur. Rouge pour ma mère, violet pour mon père, bleu pour mon frère et rose pour moi. Elles sont toutes pareilles aujourd'hui, les couleurs **ont passé**[16]... Les couleurs passent, pas la souffrance d'avoir perdu ses proches !
Je sens l'ombre d'un drame derrière cette phrase mais je ne pose pas de question, je la laisse continuer.
– J'ai retrouvé les quatre paires dans une boîte à la mort de mes parents et je les ai gardées comme des reliques. On s'accroche à quelque chose vous savez, même si ça fait mal. Mais aujourd'hui, en entendant l'orgue, ce sont les bonnes choses qui me sont revenues à la mémoire : comme nous étions élégants ce jour-là, légers et heureux... Il y avait de l'orgue à la messe de mariage. Est-ce que je peux revenir vous écouter demain ?

13 **la prise -** (hier:) die Tonaufnahme
14 **imperméable -** undurchlässig
15 **le couvercle -** der Deckel
16 **passer -** (hier:) verblassen

31 DOUCEURS DE NOËL

Süßwarenspezialität der französischen Stadt Montélimar

Une fabrique de **nougat** à Montélimar, un peu avant Noël. Florence travaille à la boutique. En cette période de fêtes de fin d'année, elle vend du nougat par paniers, par sacs, par kilos. Une **bande-son**[1] passe en continu des chansons enfantines, « Douce nuit », « Petit Papa Noël », « Mon beau sapin roi des forêts » ...
Florence n'aime pas le nougat. Cette pâte blanche lui fait penser à du savon, du mastic ou du dentifrice, les amandes et les pistaches qu'on met dedans ressemblent à des **cailloux** ... Elle n'aime pas non plus cette odeur **écœurante**[2] de miel et de sucre... Elle déteste ces chansons ridicules. Et surtout, Florence n'aime pas Noël. Noël, c'est du **toc**[3] . Ce n'est pas une fête pour tous, c'est juste un gros mensonge pour que les gens dépensent un maximum pour se donner bonne conscience.

le caillou

der Kieselstein

Après son divorce, Florence a dû trouver du travail en urgence. Son cousin Jean-François avait un poste dans une fabrique de nougat du coin, il l'a **pistonnée**[4] et, comme elle n'avait aucun diplôme, elle a été engagée comme caissière à la boutique.
– Tu vas voir, ils sont plutôt sympas... Et puis à Noël, tu as droit à des kilos de nougat à prix réduit pour offrir à ta famille !
Sa famille, quelle bonne blague... Florence est divorcée, fille unique, son père est mort et sa mère est en maison de retraite avec la maladie d'Alzheimer. Sa fille Zoé préfère être chez

son père pour Noël. Normal : chez lui il y a plein de monde, la grand-mère, les oncles et les tantes, les cousins, le sapin décoré **et tout le tralala**[5]. Quand Florence y pense, ça lui fait comme un méchant **pincement au cœur**[6]...

- Madame L., vous allez avoir quelqu'un avec vous la semaine prochaine. Une jeune stagiaire de quatorze ans, vous savez c'est pour le stage de troisième... Vous lui montrez les produits, la caisse et comment faire les paquets cadeaux ?
Une stagiaire, quelle **tuile**[7] pour Florence ! Déjà **ça lui donne le bourdon**[8] de ne pas avoir sa fille avec elle à Noël, mais en plus, on lui colle celle des autres. Elle répond en cachant au mieux sa mauvaise humeur.
- Mais bien sûr, avec plaisir !
- C'est bien de pouvoir compter sur vous !
La jeune fille s'appelle Tania, elle arrive lundi.

bürgerlich, spießig

bourge
(Adj., fam.)

Tania se présente le lundi suivant vêtue d'un haut à rayures bleues. Une vraie poupée, tout le contraire de la fille de Florence, toujours en jean troué et en sweat-shirt taille XL. Florence la regarde avec méfiance : c'est quoi, cette petite **bourge** ?
Mais Tania n'est pas seulement élégante, elle est souriante :
- Bonjour madame ! Vous êtes la mère de Zoé ? C'est une super copine, vous savez... Passez-lui le bonjour de ma part !
Florence est un peu déstabilisée ...

1 **la bande-son** – die Tonspur
2 **écœurant(e)** – (hier:) widerlich süß
3 **le toc** – der Ramsch
4 **pistonner** – (hier:) seine Beziehungen spielen lassen
5 **et tout le tralala** – und das ganze Trara
6 **le pincement au cœur** – schwerzen Herzens
7 **la tuile** – die unangenehme Überraschung
8 **donner le bourdon** – deprimieren

– Euh, oui. Zoé est chez son père, je vais lui dire. Mais vite, la boutique ouvre bientôt, il faut que je t'explique des choses.
La journée passe vite. Tania est souriante, toujours souriante. Avec les clients, et surtout avec Florence. Et Florence, petit à petit, quitte son masque de dogue pour la regarder avec des yeux neufs : finalement, elle est plutôt sympathique, cette gamine. Et puis c'est une copine de Zoé !

– Vous aimez le nougat, madame ? Moi, j'adore. Surtout celui à la pistache. Je vais en prendre un gros sac pour rapporter à la maison, ça va être extra pour Noël !
– En fait, le nougat, **ce n'est pas trop mon truc**[9]...
– Mais on est à Montélimar, la ville du nougat ! Vous avez déjà visité le Musée du nougat ?
– Non. Mais assez **papoté**[10] pour aujourd'hui, Tania, il faut tout ranger, on va fermer.

le panaché
das Radler

Ce soir-là, au Café de Cuba, sous les arcades de la Place du Marché, Florence feuillette le journal local en buvant, seule, un verre de **panaché**. Depuis son divorce, elle boit un peu. Parfois un peu trop... Dans le journal, elle regarde toujours l'horoscope. Même quand on n'y croit pas, ça change les idées :
Gémeaux : *l'année prochaine s'annonce pleine de bonnes surprises, soyez prêt à les accueillir !*
Et puis elle lit les petites annonces, en espérant trouver un autre boulot (elle **en a ras-le-bol**[11] de la fabrique de nougat, même si aujourd'hui avec la stagiaire c'était plutôt sympa) :
Musée du nougat de Montélimar cherche caissière. Expérience demandée. Poste à **pourvoir**[12] *au 15 janvier. Envoyer son curriculum vitae à l'adresse suivante...*

Florence ferme le journal, énervée. Encore le nougat ! Le téléphone sonne, c'est Zoé :

- Coucou, maman ! Comment ça va ?
- Euh très bien. Et toi ? Figure-toi que j'ai rencontré une de tes copines aujourd'hui, elle s'appelle Tania. Elle fait son stage avec moi. Elle te passe le bonjour !
- Tania ? C'est pas vraiment une copine tu sais... Tu as vu comment elle s'habille ? Une vraie bourge, et puis un peu **fayotte**[13] avec les profs, « Madame je sais tout » tu vois le genre, toujours des bonnes notes. Oui, au début c'était ma copine, mais plus maintenant.

Le lendemain à la boutique, Tania continue son numéro de charme avec Florence. Polie, souriante, parfaite. Mais avec ce que sa fille lui a dit, Florence ne sait plus quoi penser. Est-ce que Zoé n'est pas simplement jalouse de Tania ? Avec les filles, il y a toujours des histoires... Florence se souvient : dans son enfance, elle avait une amie, **à la vie à la mort**[14] comme on dit, elles étaient **inséparables**[15]. Et puis un jour, l'amie lui a tourné le dos pour une **broutille**[16] et Florence n'a rien compris. Après, il y a eu des histoires compliquées avec les garçons, des histoires qui finissent mal, comme avec son ex-mari... Si seulement la vie était plus simple, plus **fluide**[17] !

- Bonjour, Tania ! J'ai eu Zoé au téléphone hier. Dis-moi, tout va bien entre vous ?
- Bof... En fait j'ai un peu exagéré hier en vous disant

9 **ce n'est pas trop mon truc** (fam.) - es ist nicht ganz mein Ding
10 **papoter** (fam.) - schwätzen
11 **en avoir ras-le-bol** - die Nase voll haben
12 **pourvoir** - (hier:) besetzen
13 **fayot/te** - Streber, -in
14 **à la vie à la mort** - fürs ganze Leben
15 **inséparable** - unzertrennlich
16 **la broutille** - eine Kleinigkeit
17 **fluide** - fließend, flüssig

que c'était une super copine. Elle **me fait la tête**[18] en ce moment.
– Ce n'est peut-être pas si grave ! Zoé est peut-être juste jalouse de toi... De tes bonnes notes au collège, ou d'autre chose ?
– C'est vrai, il y a eu une histoire avec un garçon, un truc compliqué et un peu triste Mais je ne peux pas vous raconter, si Zoé ne vous a rien dit.
– Ne me dis rien ! J'espère que ça va s'arranger entre vous. De mon côté je vais essayer d'être plus **attentive**[19], plus présente. Pas facile l'adolescence pour une mère, on voit sa fille qui s'émancipe, qui devient femme. Et puis Zoé ne vit pas toujours avec moi, elle est la moitié du temps chez son père. Et comme chez son père, c'est mieux que chez moi...
– Attention, madame, maintenant c'est vous aussi qui êtes jalouse !

Florence va laisser Zoé et Tania **se débrouiller**[20] seules avec leurs histoires de notes et de garçons. Elle va réfléchir à sa vie à elle. Pourquoi elle a des complexes face à son ex, pourquoi elle **est sur la pente**[21] de la déprime... En attendant, Tania lui sourit et lui tend un paquet :
– Tenez, madame, c'est pour vous. Comme je sais que vous n'aimez pas trop le nougat, je vous ai pris des chocolats... Joyeux Noël !

Das **Nougat de Montélimar** besteht u.a. aus gerösteten Mandeln, Pistazien, Zucker, Lavendelhonig und Eischnee.

18 **faire la tête à qn** – schmollen
19 **attentif(-ive)** – aufmerksam
20 **se débrouiller** – zurechtkommen
21 **être sur la pente** – (hier:) auf dem Weg sein

32 VISAGES DE PIERRE

Il est drôle, ce **gars**[1], un peu lourd, un peu **envahissant**[2] peut-être mais je ne lui en veux pas, je comprends : il vient de débarquer à et il ne connaît personne. Alors il **s'accroche**[3] à moi. Je vais essayer d'être gentille et de l'aider comme je peux.

Au dernier cours, il a profité de la pause pour me parler de la passion qu'il a pour les masques.
– J'en ai beaucoup, je les **collectionne**[4] depuis des années. Ça a débuté à la **fac**[5] de lettres, quand j'étais étudiant. Il y avait un cours sur le théâtre grec et le prof nous a passé des diapositives. Plus tard, j'en ai vus dans une exposition au Louvre, ça a été un vrai choc esthétique pour moi.

Le cours suivant, il a continué avec Venise :
– Vous êtes déjà allée au Carnaval de Venise, Alicia ? Les masques sont magnifiques, tellement variés dans leurs couleurs, leurs formes... Dans ma collection, j'en ai plus d'une vingtaine.
– Ah...
– Un jour, si vous voulez, je peux vous les montrer !
Il faut que je lui dise d'arrêter de me vouvoyer. Ce n'est pas parce qu'on danse le tango ensemble le mercredi soir qu'on doit être **vieux jeu**[6] !

1 **le gars** (ugs.) – der Kerl
2 **envahissant(e)** – einnehmend
3 **s'accrocher** – (hier:) klammern
4 **collectionner** – sammeln
5 **fac** (kurz für: faculté) – Fakultät
6 **vieux jeu** – altmodisch

– Alicia, c'est argentin ?

– Non, mes parents sont d'origine polonaise.

Et puis quoi encore, il faut être argentin pour aimer Carlos Gardel et Astor Piazzolla ? Moi le tango, j'ai ça **dans la peau**[7].

Ensuite, il a tenu à me parler de la grande découverte qu'il avait faite à Bordeaux le week-end dernier. Je pense qu'il n'a personne d'autre à qui raconter ça…

– Je me suis promené place de la Bourse, au hasard, et j'ai levé les yeux. Oh, Alicia, il faut absolument voir ces **mascarons** sur les façades. Pour quelqu'un qui s'intéresse aux masques, c'est une mine d'or !

le mascaron

das Freskengesicht

Qui a dit que je m'intéresse aux masques ? Mais je me tais et je le laisse continuer sa description passionnée :

– Ces visages de pierre, parfois souriants, parfois effrayants, émouvants ou ridicules, quelle variété ! J'ai reconnu certains dieux de l'Antiquité, un très bel Apollon, par exemple Et en continuant ma promenade sur les allées de Tourny, j'ai découvert un magnifique Neptune : barbu, avec son **trident**[8] au milieu des **roseaux**[9], il est daté du milieu du XVIIIe siècle, une pure merveille ! Et puis j'ai vu un faune aux oreilles pointues, un homme qui tire la langue, un lion…

Des visages de pierre ! Moi je préfère des choses plus vivantes : les quais de la Garonne et leurs promeneurs le dimanche, l'esplanade des Quinconces et sa grande **fête foraine**[10], la longue **rue Sainte-Catherine** et tous ses magasins, la place Camille Jullian avec ses terrasses de café et son cinéma installé dans une ancienne église, ou le marché du samedi matin place Saint-Michel où j'aime **flâner**[11] et boire un thé à la menthe...

– J'ai trouvé une carte postale pour ma mère : rien que des mascarons, tous différents, un magnifique **damier**[12] tout en visages de pierre. Je suis sûr que ça va lui plaire !
Et voilà qu'il me parle de sa mère... C'est sûr, en voilà un qui n'a pas **coupé le cordon**[13] !

En fait, il m'énerve... Mais le problème, c'est qu'il n'y a pas beaucoup de bons danseurs dans le groupe du mercredi, alors que lui, il danse bien. Mieux vaut donc l'avoir pour partenaire et supporter ses discours d'**intello**[14] à la pause. Une pause, ça passe vite, et quand on danse, on ne parle pas. On se tait, il n'y a plus que le mouvement et la musique : Por una cabeza...

Au dernier cours, l'un de nous a proposé qu'on organise un **apéro**[15] de fin d'année. Histoire de passer un bon moment ensemble, de fêter le début de l'été... C'est une bonne idée, d'autant que dans le groupe, on ne se connaît pas tous très bien.
Chacun se propose pour apporter quelque chose à manger ou à boire :
– Je vais apporter du rosé bien frais.
– Moi, du jus de fruit.

7 **avoir qc dans la peau** – etw. lieben
8 **le trident** – der Dreizack
9 **le roseau** – der Schilf
10 **la fête foraine** – die Kirmes
11 **flâner** – herumschlendern
12 **le damier** – das Damebrett
13 **couper le cordon** (ugs.) – sich abnabeln
14 **l'intello** – der Intellektuelle
15 **l'apéro** (m.) – der Aperitif

Haupteinkaufsstraße im Zentrum von Bordeaux mit über 1 km Länge.

la courgette
die Zucchini
der salzige Kuchen
le cake salé

- Je peux apporter des chips et du melon, et puis du jambon cru, ça va bien ensemble…
- Et moi, des olives, on en trouve des bonnes au marché Saint-Michel. Ça ne vous dérange pas si elles sont un peu **épicées**[16] ?
Au contraire, j'adore ! De mon côté, je vais faire un **cake salé, courgette** -feta, c'est ma spécialité… et c'est facile à faire !

Le soir de l'apéro, c'est l'occasion pour moi de faire connaissance avec plusieurs personnes à qui je n'avais jamais vraiment parlé depuis le début de l'année. On se découvre des points communs, c'est sympa…
Par contre, mon petit collectionneur de masques n'a pas l'air **dans son assiette**[17]. Je le vois isolé, le visage **figé**[18] , comme ces visages de pierre dont il m'a parlé. Il me fait de la peine. Comment va-t-il se faire des amis à Bordeaux s'il s'accroche à moi sans parler à personne d'autre ?
Je m'éloigne un instant du petit groupe où j'étais et je lui demande ce qui ne va pas.
- En fait Alicia, pour moi il y a trop de monde, ça me bloque… Je crois que je préfère les cadres plus intimes !
Et là, je ne réfléchis pas trop et je l'invite à prendre un apéro chez moi la semaine suivante.

« Tu penses que j'ai eu tort ? » Je pose la question à ma collègue Sylvie le lendemain à la pause-café. Elle me répond en me regardant d'un air **catastrophé**[19] :
- Tu es folle Alicia, maintenant que tu l'as invité chez toi, il va y croire…

– Mais non, il a compris. Il sait bien qu'entre nous il n'y a aucune **ambiguïté**[20] …
– Tu n'es pas dans sa tête !

Quand il est arrivé avec un **bouquet de fleurs**, j'ai compris qu'elle avait raison.
Et quand il a vu mon mari et mes enfants, son visage a changé et son masque de bonne humeur est tombé, remplacé par un **masque de pierre**.

16 **épicé(e)** – scharf
17 **ne pas être dans son assiette** – nicht ganz auf dem Damm sein
18 **figé(e)** – erstarrt
19 **catastrophé(e)** – entsetzt
20 **l'ambiguïté** (f.) – die Zweideutigkeit

Bordeaux und das Bordelais

2009
BORDEAUX
MIS EN BOUTEILLE
AU CHATEAU

Die Stadt **Bordeaux** ist umgeben vom **Bordelais**, dem größten Weinanbaugebiet Frankreichs für Weine mit dem Schutzsiegel **AOC (Appellation d'origine Contrôlée)**. Auf über 120.000 Hektar Fläche gibt es hier über 50 verschiedene Weinherkunftsgebiete, die **appellations**.

der Weinbau

la viticulture

Das pittoreske Städtchen **Saint-Émilion** liegt etwa 40 km östlich von Bordeaux. Von hier stammt der gleichnamige Rotwein, der zu den berühmtesten Frankreichs zählt.

die Weinrebe

la vigne

In der **Cité du Vin** in Bordeaux dreht sich alles um den Wein. Sie bietet auf über 13.000 m^2 Fläche Ausstellungen, Veranstaltungen, Verkostungsbereiche, Lese- und Medienräume, Geschäfte und Gastronomie für Weinliebhaber*innen und -interessierte.

Allein die Architektur des futuristischen Baus ist – innen sowie außen – einen Besuch wert.

der Weinberg

le vignoble

Sollten Sie einmal in Bordeaux sein, probieren Sie unbedingt ein **canelé**! Das Gebäck mit Rum und Vanille ist unter seiner knusprigen, karamellisierten Kruste weich und schmeckt fantastisch.

33 AU PAYS DES COW-BOYS

Il y a beaucoup trop de fêtes en Camargue. Et toujours avec des **taureaux**… Vraiment, les taureaux, ça n'a jamais été mon truc. Toute cette **ferveur**[1] autour de ces pauvres bêtes, je n'ai jamais compris. Ils ne savent plus quoi inventer pour faire une fête, à la fin on ne sait plus ce qu'on fête. Ça doit rester exceptionnel une fête !

Et le folklore de toute façon, **ça n'a jamais été ma tasse de thé**[2]. Les costumes traditionnels, les danses ridicules et les musiques qui tournent en rond, je ne supporte pas. L'histoire, ça m'intéresse, mais je ne vois pas l'intérêt de remettre ça aujourd'hui. Alors qu'on ne vit plus pareil, qu'on ne croit plus aux mêmes choses, qu'on écoute d'autres musiques…

Enfin, je ne sais pas, ça m'**enquiquine**[3] tout ça. Tu n'as pas l'air de mon avis, toi… Pourquoi tu ne dis rien ? Je ne te laisse pas parler ? C'est ça que tu penses ? Je **radote**[4], allez dis-le.

On n'a pas le même âge, ce que pensent les vieux comme moi, ça ne t'intéresse pas, hein ?

– C'est vous qui ne me laissez pas parler ! Je pense que vous y allez un peu fort, Dédé… Je vous ai juste demandé ce que…

C'est à la mode, le *revival*… C'est comme ça qu'on dit, hein ? Moi je n'ai pas besoin d'imaginer que je vis dans le passé pour m'amuser. J'étais dans les Pouilles l'été dernier, c'est la même chose. Tout le monde danse la *Pizzica* en prenant des airs hallucinés au son d'un tambourin. Moi **ça me saoule**[5]. Je préfère fumer un joint avec les copains en refaisant le monde.

– M'enfin, vous ne trouvez-pas que…

Tu veux que je te dise ce que je pense ? Tout est pourri par le **fric**, surtout par ici. Il n'y a plus rien de vrai, d'authentique. Je sais, je t'énerve, mais laisse-moi parler ! Même les gens ne sont plus comme avant. Le Sud, c'est devenu vraiment **puant**[6]. C'est bon pour les vacances. D'ailleurs les étrangers, ils ont bien compris, eux : ils viennent là juste pour bronzer, ils **salopent**[7] nos plages au passage et ils repartent. Il faut dire que tout est fait pour les attirer, on ne va pas se plaindre après.

– Calmez-vous, Dédé ! On n'arrive pas à discuter, là !

Oui, y en a marre de voir courir des taureaux dans la rue ! Moi je ne me déplace plus pour voir ça… Peut-être

1 **la ferveur** – der Eifer
2 **ce n'est pas ma tasse de thé** (expr.) – das ist nicht mein Ding
3 **enquiquiner** – auf den Geist gehen
4 **radoter** – quatschen
5 **ça me saoule** (ugs.) – das geht mir auf die Nerven
6 **puant(e)** – stinkend
7 **saloper** (ugs.) – verdrecken

que j'ai vieilli et je suis devenu un peu **rabat-joie**[8]. Bon, je ne fais quand-même pas partie de ces gens qui disent tout le temps que c'était mieux avant ! Même si je suis souvent d'accord avec eux...

– Oh là, mais vous avez fini de râler comme ça ? C'est déprimant de vous écouter ! Allez, ça suffit. Vous ne voulez pas venir avec moi plutôt ? Demain c'est le début du festival d'**Abrivado** des Saintes-Maries-de-la-mer. Vous la connaissez cette fête ?

Si je la connais ? ... Celle-là, bien sûr... ce n'est pas la même chose ! Elle est moins connue, aussi. Faut dire qu'il n'y a rien à vendre ni à acheter. Et c'est surtout les gens du coin qui viennent. Comment tu connais ça d'ailleurs ? Ça t'intéresse, toi ?

– Qu'est-ce que vous croyez ? Vous avez fini de juger tout le monde comme ça ? Vous êtes snob, voilà ce que vous êtes !

Allez, tu as raison, je suis **injuste**[9]. Tu vas là-bas demain, c'est vrai ? Tu sais que j'y suis allé souvent, moi aussi, autrefois ? Ah, c'était quelque chose ! J'ai des souvenirs magnifiques...

– Tiens ! Ah, vous voyez, Dédé...

Bah oui, il faut que j'arrête de **cracher dans la soupe**[10]. Tu veux que je te raconte, elle était là aussi ta grand-mère. Elle **n'avait pas froid aux yeux**[11]...

– Pourquoi vous dites ça ?

Parce qu'elle n'avait pas peur de se jeter au cou des chevaux, ta grand-mère !

- C'était vous les **attrapaïres** ?

Tu veux dire, c'était elle ! Elle n'avait pas le plus beau rôle, mais c'était la tradition. Et on était tous volontaires. C'était un peu risqué, parfois il y avait des **blessés**[12]. Je me souviens une fois, ils ont réussi à faire s'échapper un taureau. Il est parti dans la foule ! On a eu du mal à le **rattraper**[13].

- Et pourquoi cette fête-là, vous la trouvez plus authentique ?

Ah, mais ça n'a rien à voir avec toutes ces fêtes d'abrivado qui sont organisées dans tous les villages…

- Ah bon ? Pourtant c'est la même chose : c'est toujours des chevaux qui doivent conduire des taureaux jusqu'à l'arène en les empêchant de s'échapper. Non ?

Oui, si tu veux, c'est le même principe. Mais ici,

8 **le rabat-joie** – der Spielverderber
9 **injuste** – ungerecht
10 **cracher dans la soupe** – in die Suppe spucken
11 **ne pas avoir froid aux yeux** – vor nichts Angst haben
12 **le blessé** – der Verletzte
13 **rattraper** – (hier:) wieder einfangen

aux Saintes-Maries, c'est plus une parade équestre. Une démonstration technique. Toutes les **manades**[14] de la région participent. « Conduire » les taureaux, guider les chevaux, ce n'est pas un jeu, c'est un art ! Les cavaliers sont fiers de leur **savoir-faire**[15]. Tout ça se transmet depuis des générations, ce n'est pas rien... Aux Saintes-Maries, le 11 novembre, c'est vraiment la fête des manades, la fête des chevaux, pas la fête du village !
Et ce qui change tout aussi... mais alors vraiment tout, c'est que ça a lieu sur la plage ! Et c'est tellement beau... Il faut voir ça une fois dans sa vie.

– Alors, vous venez avec moi ?

Oui, il faut que je sorte de chez moi. Je ne veux pas que tu croies que je suis un vieux **con**[16] misanthrope... Je ne la **renie**[17] pas, mon histoire. Ce que tu ne sais pas, c'est que toute ma vie, j'ai fait le **vacher**, c'était mon métier. Courir après les taureaux en liberté dans le Parc, je sais ce que ça veut dire !
Mais c'est vrai que depuis qu'on les emmène dans des camions aux arènes, je les snobe, toutes ces fêtes, tu as raison... C'est idiot.

Die Camargue
im Südwesten des Landes ...

... gehört zu den interessantesten Landschaften Frankreichs: auf den ersten Blick sehr flach, mit karger Pflanzenwelt und sumpfig – ideale Anbaubedingungen für den typisch roten Camargue-Reis.

le flamant rose – der Flamingo

Auf den zweiten Blick kann man eine vielfältige Tierwelt entdecken, darunter die berühmten Wildpferde der Camargue und die Flamingos.

le cheval sauvage – das Wildpferd

le riz de Camargue

14 **la manade** – die Stierzucht
15 **le savoir-faire** – das Können
16 **le con** – der Vollidiot
17 **renier** – verleugnen

34 LE VOYAGE EN BALLON

De la Galerie 3 du Centre Pompidou-Metz, on a une vue extraordinaire sur la Cathédrale Saint-Étienne : une mer de toits sur laquelle l'église semble flotter comme un immense **vaisseau**[1] coloré. Un mariage étonnant entre le jaune de la pierre de Moselle et le vert du toit de **cuivre**.

– J'ai des amis qui habitent dans un port de Normandie d'où partent chaque jour des dizaines de bateaux, des porte-containers, des **paquebots**[2]. Ils sont grands comme des immeubles, sauf qu'ils bougent, lentement, ils se détachent des habitations et ils partent…

– Imagine : Saint-Étienne se détache et part en flottant sur la Moselle. Tu vas mettre ça dans ton prochain film, Martin ?

– Bonne idée, je vais y penser. En tous cas un immeuble qui bouge, c'est beaucoup plus intéressant qu'un immeuble qui ne bouge pas ! Martin a trop regardé les films de **George Méliès** quand il était petit. Son imagination a été marquée par l'univers fantastique et **loufoque**[3] du réalisateur, le père des premiers effets spéciaux. ***Le Voyage dans la Lune***, il a dû le voir cinquante fois, il le connaît par cœur.

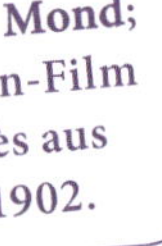

Die Reise zum Mond; Science-Fiction-Film von G. Méliès aus dem Jahr 1902.

MONACO 0,76€

franz. Filmregisseur (1861 – 1938)

Les **galipettes**[4] interminables des astronomes dans l'espace l'ont tellement marqué que vingt ans après, il est lui-même devenu cinéaste. S'il est venu me rendre visite à Metz (« ça fait si longtemps qu'on ne s'est pas vus ! » m'a-t-il dit au téléphone), c'est par amitié, mais c'est aussi parce qu'il y a du Méliès dans la nouvelle exposition du Centre Pompidou-Metz.

Martin est un vieil ami. Enfin, je veux dire un ami de toujours. Nous ne sommes vieux ni l'un ni l'autre, nous avons fêté nos trente-neuf ans cette année. De toute façon, Martin a toujours fait plus jeune que son âge : l'influence de Méliès je suppose, le monde des illusions !

Martin et moi avons fait toute notre scolarité ensemble ici, à Metz. J'y suis resté. Après des études à la fac de lettres je suis devenu prof de français... dans le lycée où lui et moi avons passé notre **bac**[5]. Martin a bougé, il est parti étudier à Paris. Ses parents ont déménagé au moment de la retraite, du coup il n'a plus d'**attaches**[6] à Metz, que notre amitié. Il **débarque**[7] de temps en temps et nous nous retrouvons avec la même joie. On parle de choses et d'autres, et puis on a tellement de souvenirs en commun !

– Tu te souviens de la **Fête de la Mirabelle**, avec la parade, quand on s'était cachés dans un des **chars**, au milieu des fleurs ? Nos parents étaient morts d'angoisse On était finalement sortis de notre cachette assez vite, à cause du bruit.

Fest im August, rund um die Mirabelle

le char – (hier:) der Festwagen

1 **le vaisseau** – das Raumschiff
2 **le paquebot** – das Kreuzfahrtschiff
3 **loufoque** – verrückt
4 **la galipette** – der Purzelbaum
5 **le bac** – das Abi
6 **ne pas avoir d'attaches** – niemanden kennen
7 **débarquer** – (hier:) auftauchen

- La musique était tellement forte, ça on n'avait pas prévu !

- Et puis il y avait l'élection de la Reine de la Mirabelle.

- Qu'est-ce qu'elle avait l'air **cruche**[8] !

- N'empêche qu'une année, elle n'était pas si mal !

- Oui, on avait découpé sa photo dans le journal et ta grande sœur s'était bien moqué de nous ...

Puis un événement avait bouleversé l'été messin : la Fête de la Mirabelle avait enrichi son festival de chars, de fleurs et de **flonflons**[9] d'un spectacle de **montgolfières**. Pour Martin, quel cadeau : c'était l'univers de Méliès devenu réalité ! Un envol multicolore et magique ; moi-même, j'avais trouvé ça très impressionnant

Depuis, Martin a ajouté sa passion de la montgolfière à celle du cinéma.
- Tu sais qu'il y a d'autres montgolfiades en France, pas qu'à Metz ! Je suis allé en Bourgogne voir celles de Chalon-sur-Saône l'an dernier, et je pense aller voir bientôt celles de Rocamadour, en Dordogne. À chaque fois, je filme : d'en bas, mais aussi d'en haut.
- C'est comment là-haut ?
- Comme dans un rêve. On ne vole pas très haut, tu sais, on n'a pas le **vertige**[10], et on n'a pas froid non plus. Le vent nous emporte où il veut, on ne peut pas prévoir le **trajet**[11] , c'est l'improvisation...
- Et tu comptes faire quoi de ce que tu filmes ?

– Je ne sais pas encore : peut-être un documentaire, ou plutôt un **court-métrage**[12] J'ai envie de mélanger les images que j'ai faites à des extraits de films de Méliès, comme un hommage. Je peux ensuite envoyer ça à des festivals, on va voir si ça donne quelque chose…

Pour moi Metz, ce n'est pas simplement la Fête de la Mirabelle avec sa reine, ses chars et ses montgolfières, ni ce Centre Pompidou en forme de **navette spatiale**, ni l'ancien arsenal transformé en salle de concert. Metz, pour moi, c'est aussi **Paul Verlaine** ! Tous les week-ends, toutes les vacances depuis maintenant cinq ans, je les passe avec lui…

– Elle avance ta thèse sur Verlaine ?
– Oui, mais c'est interminable… Parfois j'en ai marre, j'ai envie de tout **envoyer valser**[13].
– Je te comprends, cinq ans sur le même bonhomme C'est quoi ton sujet, déjà ? Pardon d'oublier à chaque fois, mais pour moi c'est du chinois…
– Laisse tomber, ça n'a pas d'importance…
– En tous cas, c'est pas une vie de **bosser**[14] tout le temps comme ça. C'est quand que tu prends des vacances ?

8 **cruche** – dämlich
9 **les flonflons** (m.) – das Tamtam
10 **le vertige** – die Höhenangst
11 **le trajet** – die Strecke
12 **le court-métrage** – der Kurzfilm
13 **envoyer valser** – aufgeben
14 **bosser** – schuften

L'été suivant, au festival de courts-métrages d'Ouroux-en-Morvan, Martin m'a invité. « Il y a une surprise pour toi » m'a-t-il dit. Je rentre sous le grand **chapiteau**[15] où a lieu la projection : il fait une chaleur infernale là-dedans. Heureusement qu'ils vendent des boissons fraîches au bar. Je m'assois avec ma bouteille d'eau et j'attends...
Le voyage en ballons : le titre apparaît en grand sur l'**écran**[16], pendant que des flonflons d'accordéon me rappellent très nettement une certaine fête de notre enfance.
Un envol de montgolfières de toutes les couleurs, un magnifique ballet s'organise dans le ciel... Les mouvements sont lents, la musique se fait calme. Puis les images de couleurs vives **cèdent la place**[17] au noir et blanc et un des ballons se transforme en une grosse figure ronde de lune, celle du Voyage bien sûr.
Quelques minutes plus tard, le visage barbu de Méliès apparaît et m'en donne la **confirmation**[18]. Oh, mais que se passe-t-il ? Dans un subtil **fondu enchaîné**[19], voilà que la barbe de Georges est devenue celle de Paul ! Un court instant, le visage de mon poète est clairement reconnaissable. Personne ici n'a dû s'en rendre compte, je pense, mais j'ai eu le temps de saisir le clin d'œil.

– Tu vois, ils ont des points communs nos deux poètes ! J'espère que cela va te donner des idées, t'aider à finir ta **fichue**[20] thèse pour prendre enfin des vacances L'an prochain, je te propose un petit voyage pour fêter nos quarante ans !

– Ça roule ! Mais dis donc, tu l'as mise où la cathédrale qui bouge dans ton film ? C'est pour le suivant ?

15 **le chapiteau** – das Zelt
16 **l'écran** (m.) – (hier:) die Leinwand
17 **céder la place à** – Platz machen für
18 **la confirmation** – die Bestätigung
19 **le fondu enchaîné** – der Auflösungsübergang
20 **fichu(e)** – (hier:) verdammt

35 PAS CHER, MON VÉLO !

le VTT (vélo tout terrain)

das Mountainbike

– Antoine, on n'a plus de pain pour le déjeuner, tu veux bien aller en chercher s'il te plaît ? Tu peux prendre mon vélo si tu veux…

– Ton vieux vélo ? Merci maman, mais je te rappelle que vous m'avez offert un super **VTT** pour mon anniversaire, je préfère le prendre. Pour une fois que je suis en week-end chez vous, c'est l'occasion ! Je prends une baguette tradition comme d'habitude ?

Antoine sort du garage de ses parents sur son superbe vélo rouge. Il roule en direction de la plage et s'arrête devant le casino. La boulangerie est juste à côté. Pas besoin d'**antivol**, il en a pour une minute. Mais c'est dimanche midi et il y a la queue. La personne devant lui prend son temps : « Une tarte aux poires pour huit personnes s'il vous plaît. Celle que je vous avais commandée. Trois baguettes, pas trop cuites. Et un pain de campagne. Vous pouvez me le trancher ? Merci ! »
Antoine commence à s'impatienter… Quand il ressort de la boulangerie sa baguette à la main : plus de vélo !

l'antivol

das Fahrradschloss

Et voilà comment on passe un mauvais dimanche après-midi, fin août, quand on est en week-end chez ses parents au

Touquet : en perdant deux heures pour aller **porter plainte**[1] au **commissariat**[2] pour le vol de son vélo neuf. Au lieu d'aller à la plage avec la famille ; Antoine **enrage**[3] !
D'autant que le gendarme est assez pessimiste :
- Encore un vélo volé ! On ne risque pas de vous le retrouver mon petit monsieur, c'est le troisième en une semaine.

Le soir, Antoine rentre à Lille en **covoiturage**[4]. Le trajet est un peu long mais c'est moins compliqué qu'en train. Et puis c'est sympa, on rencontre des gens... Le chauffeur s'appelle Paul (« Appelle-moi Paulo ! »), le genre un peu **baba cool**[5], il essaie d'aider Antoine à voir les choses autrement :
- Allez, c'est que du matériel. La prochaine fois, tu prends le vieux vélo de ta mère et personne va te le voler, t'inquiète !

Quand il arrive, Jules et Matthieu, ses colocataires, l'attendent dans l'appartement. Ils voient à l'air sombre de leur ami qu'il lui est arrivé quelque chose.
- On t'a volé ton vélo neuf. La belle affaire... Tu vas t'en trouver un autre le week-end prochain !
- Qu'est-ce que tu veux dire ?
- Et bien oui, c'est la **Braderie**, et tu vas voir : on trouve de tout !

Die **Braderie de Lille** ist eines der größten Feste des Landes. Es findet jedes Jahr am ersten Septemberwochenende statt.

La Braderie, c'est bien la dernière chose qui fait envie à Antoine. D'abord, il est venu à Lille pour bosser à fond : attention la **classe prépa**[6], ça ne rigole pas ! Ses parents ne lui ont pas payé un appart pour qu'il **se tourne les pouces**[7] en allant traîner dans les braderies et autres marchés. Et puis, c'est bien connu : il va y avoir un monde fou, des centaines de milliers de personnes... En plus, ça va sentir les **moules** à plein nez et Antoine n'aime pas les moules.

Mais Jules et Matthieu sont très motivés, alors ils vont finir par le faire changer d'avis.

- D'accord, on est en prépa mais la prépa, c'est pas le **bagne**[8] !
- Et puis c'est la rentrée, il faut démarrer en douceur...
- De toute façon, le week-end, il faut **décompresser**[9].

Le samedi suivant, les trois amis quittent donc leur appartement du Boulevard Vauban pour se rendre à la Braderie. La ville est métamorphosée : des kilomètres de trottoirs ont été **envahis**[10] par les stands et la foule. C'est bien ce qu'Antoine avait imaginé : les gens s'installent n'importe où pour vendre n'importe quoi...

- Mais moi, je n'ai besoin de rien !
- Si, d'un vélo !
- OK. Et comment on va faire pour ne pas se perdre ?
- Si on se perd, on se retrouve ce soir à l'appart !

Et c'est justement ce qui arrive : au bout de dix minutes, dans cette véritable **marée**[11] humaine, Antoine

1 **porter plainte** - Anzeige erstatten
2 **le commissariat** - die Polizeistelle
3 **enrager** - sich ärgern
4 **le covoiturage** - das Carsharing
5 **baba cool** - Stil der 1968er-Jahre
6 **la classe prépa** - die Vorbereitungsklasse auf die Grande École
7 **se tourner les pouces** - Däumchen drehen
8 **le bagne** - das Straflager
9 **décompresser** - sich entspannen
10 **envahir** - erobern
11 **la marée** - die Flut

perd de vue ses deux camarades et se retrouve seul. Inutile de les chercher, il y a trop de monde. Alors, autant profiter de cette fichue Braderie et regarder ce qu'il y a d'intéressant.

Il avance comme il peut en **se frayant un passage**[12] entre les vendeurs et les acheteurs et arrive Place Rihour. Là, les façades des bâtiments avec leurs hautes fenêtres l'aident à respirer : un peu de hauteur, un peu d'espace ! Cette foule, ça rend claustrophobe.

Sous les arcades on vend de tout, des meubles, de la vaisselle, des livres, des habits que l'on expose sur des **portants**[13] ...
Derrière un de ces portants, une tache de couleur rouge, quelque chose brille : un vélo !
- Je peux le voir, votre vélo ?
- Bien sûr, c'est un VTT, il est tout neuf et je le vends pas cher !
La jeune fille du vélo lui lance un magnifique regard vert. Antoine en **perd ses moyens**[14] . Après un temps de silence, il lui répond en **bredouillant**[15] :
- Il est à combien ?

Le soir, à l'appartement de l'avenue Vauban, Jules et Matthieu attendent longtemps leur copain. Quand il rentre enfin à une heure du matin, portant un magnifique VTT rouge et le regard rêveur, c'est **l'interrogatoire**[16].

- Mais qu'est-ce que tu as fait pour rentrer à cette heure-là ?
- Et puis c'est ton vélo... Tu l'as retrouvé ?
- Non je l'ai racheté.
- ... ???
- À la fille qui me l'avait volé.
- Et tu l'as dénoncée ?
- Non, je l'ai invitée au resto. On a mangé des **moules-frites**...

Miesmuscheln mit Pommes sind die Spezialität von **Lille.** Beliebt ist das Gericht auch in anderen Teilen Nordfrankreichs und in Belgien.

Während der **Braderie** von **Lille** werden Unmengen von **moules-frites** verspeist, wobei natürlich viele Schalen übrig bleiben. Die Restaurants der Stadt nehmen an einem Wettbewerb teil, bei dem es darum geht, wer den größten Haufen an Muschelschalen ansammelt.

12 **se frayer un passage** - sich einen Weg bahnen
13 **le portant** - die Kleiderstange
14 **perdre ses moyens** - die Fassung verlieren
15 **bredouiller** - stammeln
16 **l'interrogatoire** (m.) - die Befragung

36 SAVONS ET SECRETS

L'été, Muriel vend des savons sur le cours Carnot pour se faire de l'**argent de poche**[1]. Elle en a de différentes formes et de différentes couleurs, bleus, roses, violets, vert pâle, en forme de lune, de cœur, d'étoile...
– Ils sont beaux, mes savons, faits maison ! Dix euros les trois, choisissez vos parfums. Aux huiles essentielles de lavande, de rose...

C'est nouveau, ce marché **nocturne**[2] à Salon de-Provence, ça fait venir pas mal de touristes depuis trois ans. L'ambiance est assez différente de celle d'un marché traditionnel : le soir, les gens sont plus **disponibles**[3], ils prennent leur temps, ils flânent, il fait moins chaud.
Chaque vendredi soir, Muriel installe donc son petit stand : quelques **tréteaux**[4], des planches, un paréo de couleur vive pour poser ses savons et sa caisse pour la monnaie.
À côté d'elle, d'autres stands proposent des produits d'**artisanat**[5] plus ou moins local : du miel, des sachets de lavande pour parfumer le linge, des bijoux faits main, des **paniers**, des cartes postales...

Et puis, on voit de plus en plus de musiciens : ça aussi, ça met de l'animation sur le marché. L'autre jour, un saxophoniste de jazz s'est installé juste à côté de son stand : plus question pour Muriel de crier pour **faire l'article**[6] ! D'abord, elle lui en a voulu, mais finalement c'était une bonne affaire : les gens se sont rapprochés pour écouter la musique et puis ils lui ont acheté des savons. Pas mal de savons. Elle espère qu'il reviendra, lui ou un autre.

Der **Moosbrunnen** ist ein Wahrzeichen von **Salon-de-Provence.**

La grand-mère de Muriel, Jeanne, a travaillé dans la célèbre **savonnerie**[7] artisanale de la ville, une institution qui date du début du XXe siècle. Elle a fabriqué du véritable Savon de Marseille et elle en est fière. C'était autre chose que les savons pour touristes que sa petite-fille vend sur le marché !
- Qu'est-ce qu'ils t'ont fait, mes savons ?
- Rien. Mais chez nous, à la savonnerie c'était du vrai savon de Marseille. Pas comme toutes ces contrefaçons d'aujourd'hui : ça s'appelle Savon de Marseille mais on ne sait pas où c'est fait, ni avec quoi... Est-ce que c'est bon pour la peau ? Par exemple les tiens, ma petite, ils sentent bons, mais est-ce qu'ils ne donnent pas des allergies ?

Jeanne continue de s'énerver. Odile, la fille de Jeanne et la mère de Muriel, essaie de **calmer le jeu**[8] :
- Vous n'allez quand même pas **vous fâcher**[9] pour une histoire de savon !
La grand-mère sort en **bougonnant**[10] de la pièce, laissant Muriel seule avec sa mère.

1 **l'argent de poche** (m.) - das Taschengeld
2 **nocturne** - nächtlich, Nacht-
3 **disponible** - (hier:) offen
4 **le tréteau** - der Bock
5 **l'artisanat** - die Handwerkskunst
6 **faire l'article** - seine/ihre Ware anpreisen
7 **la savonnerie** - die Seifenfabrik
8 **calmer le jeu** - die Situation entschärfen
9 **se fâcher** - sich streiten
10 **bougonner** - grummeln

- Maman, pourquoi elle est si dure avec moi, Mémé Jeanne ?
- Parce qu'elle est un peu jalouse.
- Jalouse de moi ?
- Oui, de ta liberté... En fait, dans sa jeunesse, elle a voulu faire un peu bouger les choses à la savonnerie, proposer des changements, des innovations, et ça n'a pas marché. Elle avait pensé à des recettes nouvelles. Son rêve, elle me l'a dit, c'était de réunir la recette originale du savon de Marseille et les secrets de Nostradamus.
- Nostradamus, l'astrologue de la Renaissance ? C'est quoi, son rapport avec le savon ?
- Tu sais qu'il a vécu ici, à Salon, il y a toujours sa maison, d'ailleurs... Ce n'était pas seulement un astrologue, c'était aussi un médecin et un apothicaire. Il avait des idées sur l'hygiène. Avec des plantes, il avait fabriqué des **remèdes**[11] contre la peste.
- Je vois. Et on les connaît, ces plantes ?
- Oui, au **Château de l'Emperi**, on peut même visiter son « Jardin des Simples », avec toutes ses **plantes médicinales**. Ta grand-mère avait voulu s'en inspirer pour créer de nouveaux savons. Mais, tu sais, les femmes, au début du siècle...

Schloss aus dem 9. Jh.

la plante médicinale

die Heilpflanze

À la boutique de la savonnerie, on trouve aujourd'hui en vente un savon **à l'effigie**[12] du célèbre astrologue. Quand Jeanne le voit, elle se met à rire :
- Regardez-moi ça, ils ont mis la tête du bonhomme sur le savon ! Mais toutes les idées qu'il avait dans sa tête, celui-là, elles n'y sont même pas ! Moi, à l'époque, j'y avais réfléchi sérieusement. Mais maintenant c'est trop loin, **tant pis**[13]... D'ailleurs, j'ai tout oublié.

Oublié ? Jeanne a peut-être oublié sa recette de savon inspirée des plantes médicinales de Nostradamus Mais a-t-elle oublié la tristesse et la frustration de sa jeunesse ?

– Ce soir, je t'accompagne au marché, ma petite Muriel, pour t'aider à vendre tes savons. D'accord ? Et on va voir qui est la spécialiste !

Difficile de dire non ! Décidément, Mémé Jeanne n'a pas fini de surprendre sa petite-fille ! En **trottinant**[14], la vieille femme arrive cours Carnot. Elle tient absolument à aider Muriel à installer son stand.

– C'est joli ce **tissu**, c'est coloré !

der Stoff

– C'est un paréo, Mémé, je suis contente que tu l'aimes.

– Et tes savons, tu les vends combien ? Tu ne les **brades**[15] pas, j'espère...

– Dix euros les trois !

– Tu peux essayer à dix euros les deux.

Quelle soirée ! Mémé Jeanne est la **coqueluche**[16] du marché et les savons **se vendent comme des petits pains**[17]...

– Dis-moi, ma petite Muriel, tu le connais ce beau gars qui joue de la clarinette à côté de nous ?

– Ce n'est pas de la clarinette Mémé, c'est du saxophone.

– En tous cas je pense que tu lui plais. Et il a bien raison ! Allez, ne rougis pas... Mais il est tard, je vais rentrer à la maison. Je vous laisse, bonne nuit !

11 **le remède** – das Medikament
12 **à l'effigie de** – mit dem Kopf von
13 **tant pis** – wie schade
14 **trottiner** – trippeln
15 **brader** – verscherbeln
16 **la coqueluche** – (hier:) der Schwarm
17 **se vendre comme des petits pains** – wie warme Semmeln weggehen

Le Savon de Marseille

... erkennt man an ihrer typischen Würfelform. Sie wird in **Marseille** und auch in **Salon-de-Provence** (rund 50 km nordwestlich von Marseille), das Sie in der Geschichte kennengelernt haben, hergestellt.

Nach Europa kam Seife, die es im arabischen Raum schon seit 1.000 Jahren gab, erst im 17. Jh. durch den französischen **Sonnenkönig Ludwig XIV**.

la savonnerie

die Seifenfabrik

le chaudron

der Kessel

Traditionell wurden Seifen in den **Savonnerien** hergestellt. Einige davon, darunter auch eine in **Salon-de-Provence**, kann man heute noch besuchen. Es lohnt sich: Hier blubbert und köchelt es in jeder Ecke! Nach zwei Wochen wird die Seifenmasse in flache Becken gegossen und erkaltet. In Stücke geschnitten erhält man die berühmte Würfelseife.

In der echten Marseiller Seife müssen mindestens 72 % Pflanzenöl enthalten sein. Und es dürfen nur natürliche Farb- und Zusatzstoffe verwendet werden.

37 LEÇONS DE CHOSES

Émile a les **fesses**[1] rouges. Il a fait des glissades avec son grand-père et sali son pantalon. Ils sont partis en expédition, essayer d'attraper une **musaraigne** et parler avec les **chauves-souris**.

C'est la fin de l'été, la nuit est en train de tomber sur le cirque de Mourèze. Le coin est désert : quand les touristes sont partis, on ne croise plus que des **bouquetins** et des lapins.
Émile aime aller au cirque. Il y va depuis qu'il est tout petit. C'est un endroit magique, surtout comme aujourd'hui quand la lune est presque pleine.

Tous les mercredis, il passe la journée avec son grand-père qui descend du Larzac pour le retrouver à l'heure où ses parents partent travailler. Avec son grand-père, il apprend plein de choses… des choses incroyables, que les autres enfants de sa classe ne savent pas. Il a appris à observer le monde et les choses, à regarder les paysages, à les reconnaître, en touchant la terre, en écoutant le vent, en examinant les **empreintes**[2] des petites bêtes… Le paysage a une histoire que son grand-

père lui raconte chaque mercredi. Une histoire qu'il sait désormais lire tout seul et raconter, à sa façon.

Dans ce petit coin perdu du sud de la France, les paysages changent très souvent. Au détour d'un **virage**[3], au sommet d'une côte, derrière une colline... L'histoire est compliquée car il y a beaucoup de paysages. Des paysages grandioses, des paysages inquiétants, des paysages étranges...

Émile a une imagination extraordinaire : il sent et il entend comme personne et est capable de tout imprimer dans sa mémoire.

Depuis le début de la journée, Émile et son grand-père ont traversé des paysages très différents. Ils ont fait un grand voyage **dans un mouchoir de poche**[4]. Leur chasse à la musaraigne les a conduits derrière le mont Liausson... À seulement quelques kilomètres **à vol d'oiseau**[5] des bords du lac. Et pourtant ils ont changé de monde ! Ils ont quitté la **garrigue** rouge et les vignes et se sont retrouvés au milieu d'un chaos de roche nue, de rochers aux formes étranges. Émile connaît par cœur l'histoire du cirque dolomitique de Mourèze, la formation de ce monde minéral si bizarre, de toutes ces colonnes de pierre.

Mais le monde qui intéresse Émile, le paysage qu'il a traversé avec l'imagination, c'est un monde invisible. Un monde disparu.

1 **la fesse** – die Pobacke
2 **l'empreinte** (f.) – (hier:) der Abdruck
3 **le virage** – die Kurve
4 **dans un mouchoir de poche** (expr.) – (hier:) im Kleinen
5 **à vol d'oiseau** (expr.) – Luftlinie

Strauchlandschaft am Mittelmeer

Le monde qui se cache sous les eaux du lac de Salagou. C'est ce monde qui **hante**[6] Émile quand il arrive au cirque de Mourèze ce soir.

Le **clair de lune**[7] alimente sa rêverie… Tandis que son grand-père lui explique qu'il doit respirer avec la bouche pour faire moins de bruit et mêler son souffle à celui des bêtes, qu'il doit marcher sans appuyer sur ses pieds, Émile lui, pense aux villages **engloutis**[8]. Aux maisons abandonnées, aux rues du fond du lac.

Son grand-père lui a beaucoup parlé de la mise en eau. Émile aime cette expression. Il y pense souvent, le soir avant de s'endormir. Mais aujourd'hui une pensée nouvelle occupe son esprit, quelque chose à quoi il n'avait jamais pensé encore… Quelque chose qui l'inquiète et l'obsède mais dont il n'ose pas parler.

Émile a enfin réussi à attraper la fameuse musaraigne ! Le plus petit de tous les mammifères. Il **s'est attendri**[9] quand elle lui a mordillé la main. Il l'appelle la mini souris, elle est toute fine. Son vrai nom, c'est le pachyure, lui a dit son grand-père, mais Émile n'aime pas du tout ce nom : il trouve qu'il ne lui va pas du tout ! Ses petites dents **chatouillent**[10] Émile mais ne lui font pas peur : on dirait une peluche.
Émile d'ailleurs, n'a pas peur, en général. Il sait qu'ici certaines petites bêtes peuvent être dangereuses quand elles vous mordent. Il fait attention, il sait les repérer de très loin. C'est comme si elles se signalaient à lui. Les scorpions, les **mille-pattes**, il sait les éviter et s'en protéger.

Émile a grandi et habite au bord du **lac de Salagou**. Si son pantalon est toujours rouge, c'est parce qu'ici la terre est

le mille-pattes

der Tausendfüßler

rouge... et qu'Émile aime les glissades. Autour du lac il y a des vignes. Il y en a aussi en-dessous du lac : les vignes qui ont été prises par les eaux, **noyées**[11] en même temps que les villages et leurs rues. Elles sont encore là, il paraît que le bois ne **pourrit**[12] pas sous l'eau.
Son grand-père avait des vignes en 1969 quand les travaux du **barrage**[13] ont été achevés. Il les a perdues, toutes.

1969, il s'en souvient ! La maman d'Émile est née l'année suivante.

- Alors elle n'a jamais vu les vignes ?
- Eh non... Elle a appris très tard l'histoire du lac, tu sais... Il n'y a pas si longtemps.
- Parce que c'était un secret ?
- Non, mais personne ne veut en parler. C'est trop de souvenirs douloureux...
- Pourquoi ils ont fait ça ?

1969, c'est cette année-là que le grand-père d'Émile a commencé à s'intéresser à la politique. Il a compris que le monde paysan était en train de mourir et de disparaître. Au profit du tourisme, de l'agriculture intensive et de ses logiques criminelles. On a dit que le lac c'était pour les cultures... **Foutaises**[14], c'était pour faire venir les touristes.

Dès le mois d'octobre 1970, juste après la naissance de la petite, le grand-père d'Émile est parti rejoindre

6 **hanter** - keine Ruhe lassen
7 **le clair de lune** - der Mondschein
8 **englouti** - (hier:) versunken
9 **s'attendrir** - Mitleid haben
10 **chatouiller** - kitzeln
11 **noyer** - ertrinken, ertränken
12 **pourrir** - faul werden
13 **le barrage** - der Staudamm
14 **Foutaises!** (expr.) - Dummes Zeug!

Stausee des Flusses Salagou, im Département Hérault.

les **éleveurs**[15] du plateau. C'était le début d'une longue lutte contre les autorités, contre la décision d'agrandir un camp militaire. Une lutte pour ne pas se faire **exproprier**[16]. Cette belle lutte du Larzac continue un peu partout aujourd'hui, autrement. Émile le sait, même si personne n'en parle.

Ce soir au cirque, Émile s'entraîne à entendre le cri des chauves-souris. Très peu de gens savent les entendre. Il est très fier que son grand-père lui ait appris. Il dit qu'il a des antennes… et que lui aussi il peut voir avec les oreilles.

Il fait de plus en plus sombre, la silhouette des colonnes de pierre devient menaçante… On entend le vent dans la **combe**[17], et le cri d'une **chouette** au loin. Émile serre la main de son grand-père. Il a l'air concentré. Son grand-père amusé lui demande s'il répond aux chauves-souris. Mais Émile est ailleurs. Il dit qu'il ne sait pas parler leur langue, puis d'un ton plus grave, et **passant du coq à l'âne**[18] :

die Eule

- Et ils ont noyé le **cimetière**[19] aussi ?
- Bien sûr…
- Alors les **tombes**[20] elles sont encore dans l'eau ? Tu crois qu'ils sont partis les morts ?
- On dit qu'ils sortent la nuit pour être à l'air libre comme les autres.
- Tu veux dire qu'ils se promènent comme des fantômes ?

En détruisant les traces de l'histoire paysanne, les hommes ont rendu au paysage quelque chose de sauvage. Les fermes ont disparu, la forêt les a remplacées avec ses nouveaux habitants, les loups, les **lynx**... les ours même. Mais des traces de l'histoire, il y en a partout, si on regarde bien...

le lynx

der Luchs

L'autoroute et les tunnels ont fait disparaître sous la végétation la route que le grand-père d'Émile avait l'habitude de prendre pour monter au Larzac. Plus personne ne l'**emprunte**[21] maintenant, pourtant c'était la plus belle de la région ! La Nationale 9 au Pas de l'Escalette est pleine de trous et d'herbe. Un mercredi, Émile l'a vue avec son grand-père, c'était très impressionnant. Maintenant il en est sûr : c'est la route des âmes englouties du Salagou...

Émile a besoin de se rassurer, son grand-père le sent. En remontant dans la voiture pour le ramener à la maison, il lui glisse **tout bas**[22] à l'oreille :

– Mercredi prochain, je prendrai les balances, on va aller pêcher les **écrevisses**[23] dans la rivière. Tu sais ce qu'on va leur préparer à tes parents ? Une super marmite d'écrevisses **à la nage**[24], comme tu les aimes !

15 **l'éleveur** (m.) – der Züchter
16 **exproprier** – enteignen
17 **la combe** – die Schlucht
18 **passer du coq à l'âne** (expr.) – vom Hölzchen aufs Stöckchen kommen
19 **le cimetière** – der Friedhof
20 **la tombe** – das Grab
21 **emprunter** – (hier:) benutzen
22 **tout bas** – leise
23 **l'écrevisse** (f.) – der Flusskrebs
24 **à la nage** (gastr.) – in Brühe gekocht

38 L'HORLOGE DE LA MORT

Kloster in Amboise aus dem 15. Jh.

Le **Clos Lucé**, 1516.

Léonard de Vinci est assis au milieu de son escalier. Il pense à la **clepsydre**[1] et au **sablier** qu'il a fabriqués la semaine dernière et qu'il n'a toujours pas réussi à régler. Ça l'**obsède**[2] de penser qu'il peut simultanément mesurer deux temps différents.

die Sanduhr

le sablier

Il est arrivé à Amboise au début du printemps. Cette nouvelle résidence l'enchante : il **rajeunit**[3]. Cela fait longtemps qu'il ne s'est pas senti aussi léger. Florence et sa chaleur écrasante, les intrigues de cours et les histoires de papes ne lui manquent pas. Il est content qu'on n'en parle pas au Royaume de France : c'est une bonne nouvelle que personne ne s'intéresse au **pape**[4] ici...

Léonard est enfermé dans son escalier depuis une semaine. Il y passe toutes ses journées, toutes ses nuits. Il ne dort pas beaucoup. Même avec des coussins, ce n'est pas confortable, un escalier. Il mange à peine. Margot, pourtant, lui apporte ses repas sur un plateau.

Il a 64 ans, un peu d'arthrose et la main droite paralysée, mais cela ne l'empêche pas de travailler à un nombre **incalculable**[5] de projets. Des projets qu'il commence, qu'il **laisse en plan**[6], qu'il reprend, qu'il laisse à nouveau en plan...

Stadt an der **Loire**, die vor allem für ihr Schloss, das **Château d'Amboise**, bekannt ist, das im 15. Jh. seine Blütezeit erlebte.

Die **Loire** ist rund 1.000 km lang. Sie entspringt im Zentralmassiv und mündet in den Atlantik.

Il a été invité ici par François 1er : « Premier peintre, ingénieur et architecte, du Roi » ... Tout un programme ! Le titre **ne lui fait ni chaud ni froid**[7], il n'a pas besoin de ça. Non, ce qu'il apprécie c'est d'être loin du pape, le plus loin possible. Il aime Amboise, les bords de Loire, l'endroit est très tranquille.

der Früchte-/Kräutertee

Léonard est un vieil homme à la fin de sa vie, désormais il se sent seul. Il est dans ses carnets du matin au soir. Mais il a aussi envie de partager. Cette vie de génie, il en a un peu assez. Il a envie de choisir avec qui il va passer ses derniers moments. Ici il se sent libre, et depuis son arrivée à **Amboise**, il ne parle qu'à Eustache, le jardinier, et à Margot, la cuisinière. Le soir, il les invite à prendre une **infusion** dans le grand salon, avant d'aller dormir quelques heures. C'est la seule chose qui rythme ses journées, qui donne du sens à sa vie : un petit rituel à trois. Il leur raconte tout ce qu'il fait mais surtout il les écoute lui raconter leurs histoires.

1 **la clepsydre** – die Wasseruhr
2 **obséder** – keine Ruhe lassen
3 **rajeunir** – verjüngen
4 **le pape** – der Papst
5 **incalculable** – unzählbar
6 **laisser qc en plan** – etw. liegen lassen
7 **ça me fait ni chaud ni froid** (expr.) – es lässt mich kalt

Il les considère ses **égaux**[8]. Leur conversation est bien plus intéressante que celle d'un pape, que celle de n'importe quel petit prélat ou de n'importe quel autre puissant de ce monde.

Mais revenons à nos moutons[9]... Donc depuis une semaine Léonard a entrepris de **démonter**[10] un escalier...
L'escalier se trouve derrière la cuisine, c'est un vieil escalier en bois, très étroit, qu'il emprunte pour monter dans ses appartements. Un **escalier de service**, comme on dit. Léonard n'aime pas du tout cette expression. Ici il ne veut personne à son service.

Léonard a la manie de tout démonter. Pour tout comprendre, il est persuadé qu'il faut commencer par tout démonter.
Alors une marche après l'autre, il démonte. Les marches sont inégales, il les observe. Mais ce vieil escalier n'a rien à cacher, il est tout ce qu'il y a de plus banal. Eustache se demande alors pourquoi il fait cela. Il est curieux et **excité**[11] : chaque nouvelle invention du Maestro le rend heureux ! Cette fois, Léonard semble bien **n'avoir aucune idée** spéciale **derrière la tête**[12]. Après, il va le remonter, évidemment ! – voilà ce qu'il lui a dit...

der Dienstboten(auf)gang

Eustache a bien essayé de lui **tirer les vers du nez**[13] :
- Vraiment, vous faites ça juste pour vous occuper ? Reconnaissez que c'est une drôle d'idée

Eustache et Margot savent que Léonard leur cache quelque chose...
- Allez, vous pouvez nous le dire, nous n'allons pas le répéter, vous savez
- Laisse-le tranquille, Eustache, tu vois bien qu'il n'a pas envie de parler.

Depuis plusieurs semaines, Léonard n'emprunte plus cet escalier, Eustache et Margot l'ont bien remarqué. La raison est toute simple, ce n'est pas la peine d'en faire un si grand mystère ! C'est à cause d'un bruit qui l'**oppresse**[14]. Un tout petit bruit, sec, une espèce de tic-tac très rapide, répété, un bruit tellement petit que Léonard en a honte. Un homme **de sa trempe**[15] n'a pas peur de bruits aussi petits...

Il y a bien un autre escalier, dans la tour, un très bel escalier en pierre, mais il ne veut pas le prendre : il le déteste même, il est beaucoup trop monumental. Dans son petit escalier, Léonard **se bat**[16] avec sa nouvelle phobie. Il en est sûr maintenant, c'est un insecte qui fait ce bruit, ça ne peut pas être autre chose. Le bois ne fait pas ce bruit-là tout seul. Mais il ne voit rien, aucune trace de rien sur les marches.

8 **être l'égal de quelqu'un** – jmdm. gleich sein
9 **revenons à nos moutons** – aber zurück zu unserer Geschichte
10 **démonter** – auseinandernehmen
11 **excité(e)** – aufgeregt
12 **avoir une idée derrière la tête** – etw. im Schilde führen
13 **tirer les vers du nez à quelqu'un** – jmdm. alles aus der Nase ziehen
14 **oppresser** – bedrücken
15 **de sa trempe** – seines Schlags
16 **se battre avec/contre** – kämpfen gegen

Tous les prétextes sont bons pour appeler ses amis, tantôt Margot, tantôt Eustache doit venir. **Pour un oui pour un non**[17] il les fait venir dans l'escalier. En fait il a surtout besoin d'être rassuré, d'être entouré. Il a besoin aussi de leur avis. Car **sa vue baisse**[18]...
– Là, vous entendez ? comment, vous n'avez pas entendu ?

Eustache veut coller son oreille contre une marche. Mais dès qu'il s'approche, le bruit s'arrête.
– Ça y est, ça recommence ! Cette fois vous avez entendu ?

Margot et Eustache se croisent dans l'escalier. Il manque des marches et cela devient compliqué de monter voir Léonard. Quand ils sont tous les trois dans ce qu'il reste du petit escalier, ils sont comme des gamins, ils ont envie de rire. Léonard les amuse beaucoup, c'est vraiment un type original, cet Italien.

– Je vous assure, je ne suis pas fou ! Comment ça se fait que vous n'entendiez rien ! Margot, s'il vous plaît, je vais avoir besoin de quelque chose pour les attraper, je crois que j'ai trouvé l'entrée de leur **galerie**[19].
– Je vais vous chercher un **bocal** dans la cuisine, je reviens tout de suite !

Margot n'arrive plus à monter pour rejoindre le maître, il manque trop de marches. Ça devient vraiment sportif ! Eustache court dans son atelier lui chercher une échelle. Cet **huis-clos**[20] dans l'escalier est en train de tourner au vaudeville.

Le maître soudain se lève, triomphant. Il est visiblement ému. Il secoue son bocal avec ses larves. Il les connaît, ce sont des *Anobiidae* ! La plus grosse, il la reconnaît, c'est une *Xestobium rufovillosum* !

– Elles sont magnifiques ! C'est la première fois que j'en vois des comme ça. En Italie, elles sont moins **poilues**[21]...

Eustache et Margot aussi les connaissent... Ils ont du mal à partager la joie du Maestro. Chez eux, ces larves de **vrillettes**, on les appelle les « horloges de la mort » !

der Holzwurm

la vrillette

König Franz I. lud 1516 Leonardo da Vinci nach Amboise ein. Dort lebte und arbeitete dieser drei Jahre lang, bis zu seinem Tod, in Clos Lucé.

17 **pour un oui pour un non** – für nichts und wieder nichts
18 **avoir la vue qui baisse** – immer weniger sehen
19 **la galerie** – (hier:) der Gang
20 **le huis-clos** – (hier:) die Geheimtagung
21 **poilu(e)** – haarig

In Clos Lucé befindet sich heute ein Leonardo-da-Vinci-Museum, das die Entwürfe und Modelle seiner Erfindungen ausstellt.

der Entwurf

le croquis

39 LE GRAND ENVOL

der Kranich

la grue cendrée

Mélanie est **sourde**[1] depuis qu'elle est toute petite. Elle parle le **langage des signes**. Dans sa famille tout le monde parle le langage des signes.

Faute d'avoir l'oreille[2], Mélanie a l'œil... et elle a un goût certain pour tout ce qui lui **en met plein la vue**[3]. Elle est sensible, la petite, toujours **à l'affût**[4]... Tout ce qui l'enchante passe par ses yeux. Le spectacle de la nature, la voilà sa musique, avec toutes ses petites ritournelles qui la font vibrer.

Hier, Mélanie a vu arriver la première **grue cendrée**... Elle n'était pas toute seule en réalité, c'est une façon de parler. Elle sait que beaucoup d'autres vont suivre. Demain, après-demain et pendant plusieurs jours encore, elles vont continuer à arriver dans la région. Elles ont choisi de faire étape au bord de ce lac artificiel gigantesque, dans cette partie de la Champagne couverte de **marais** et de forêts, où Mélanie habite.

Ce sont leurs cris qui alertent les gens. Pas Mélanie, qui voit les premières grues bien avant qu'on commence à les entendre. Ce qui l'éblouit dans leur vol n'est pas **troublé**[5] par ces cris

der Sumpf

le marais

die Zeichensprache

très puissants qui **déchirent les tympans**[6]. Car elles en font un **raffut**[7] quand elles arrivent les grues.

Elles ne vont pas rester longtemps, elle le sait. Elle veut en profiter.

Maintenant qu'elles sont toutes là, elle attend le grand **envol**[8], le jour que vont choisir les grues pour repartir plus au sud. Elle **n'est pas** du tout **pressée**[9]. Mais voilà, c'est comme ça, elles ne font que passer. Personne ne sait quel jour elles vont choisir pour repartir…

1 **sourd(e)** - taub
2 **faute d'avoir l'oreille** - mangels Hörsinn
3 **en mettre plein la vue** - beeindrucken
4 **à l'affût** - auf der Lauer
5 **troubler** - verwirren
6 **déchirer les tympans** - ohrenbetäubend sein
7 **le raffut** - der Krach
8 **l'envol** (m.) - das Auffliegen
9 **être pressé** - es eilig haben
10 **la vasière** - das Watt

Quelques-unes vont rester tout l'hiver, mais la plupart repartent et continuent leur voyage jusqu'en Afrique du Nord. Celles-là ne restent donc que quelques jours. C'est pendant ces quelques jours-là, ces quelques semaines parfois, qu'on les entend partir chaque matin et revenir chaque soir en criant. Elles partent passer la journée dans les champs. C'est grandiose, les voir s'envoler au petit matin. C'est un spectacle magnifique, magique !

Et elles rentrent chaque soir, toujours au même endroit. Le niveau du lac a baissé au début de l'automne, découvrant des îlots et des **vasières**[10]. C'est là que les grues viennent passer leurs nuits, au sec dans les herbes.

Mélanie est passionnée d'ornithologie… Elle met son réveil très tôt depuis le 20 octobre, elle est vraiment très motivée.

Elle passe ses journées au bord du lac, dans un abri qu'elle a trouvé et qu'elle **squatte**[11]. Elle est connue ici, Mélanie, et si quelqu'un la cherche, il sait où aller... Tout le monde le connaît « l'abri de Mélanie ».

Elle a une sensibilité un peu spéciale, une sorte d'écoute qui lui est propre. Cet automne, elle va vivre une expérience qui va **faire basculer**[12] sa vie. C'est une chance que les migrations tombent pendant les vacances de la **Toussaint**[13] ! Car Mélanie ne veut pas perdre un instant de ces spectacles **éblouissants**[14] qui se répètent chaque jour entre la fin du mois d'octobre et la mi-novembre.

D'où elles viennent et où elles vont, de quoi elles se nourrissent, comment elles se repèrent, ce n'est pas tellement cela qui l'intéresse. Ce qui l'intéresse, c'est ce qu'elle imagine qui se passe entre elle, la petite fille de treize ans, et elles, les grues. Mélanie a toujours pensé que les gens avaient des relations avec les bêtes, des relations très fortes. Que les uns et les autres étaient capables de communiquer, d'échanger des choses. Mélanie ne pense pas qu'elle peut leur parler, elle n'a jamais dit ça ! Non, elle pense qu'elles partagent des choses du monde sensible.

Mélanie ne pense pas avoir un **don**[15] particulier, ni être une magicienne. Non, elle est juste plus ouverte que la plupart des gens à l'existence de ces oiseaux-là.

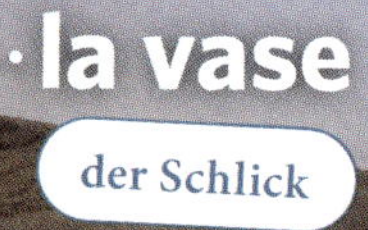

Un soir, au moment où toutes les grues reviennent au lac, l'une d'elle vient **se poser**[16] juste devant l'abri de Mélanie. Mélanie **n'en croit pas ses yeux**[17] ! Elle s'arrête de respirer. Elle ne l'a pas entendue venir ! Elle est émue, bien sûr, mais surtout un peu effrayée. Elle en a rêvé, des grues cendrées, souvent. Elle a même rêvé une fois que l'une d'elle l'avait emportée sur son dos... Mais elle n'a jamais pensé que c'était possible, qu'une grue s'intéresse à elle.

Les parents de Mélanie et ses deux frères font confiance à Mélanie. Ils ne s'inquiètent pas pour elle. Ils savent où elle passe ses journées. Mais ce soir, Mélanie n'est pas rentrée.

Il est minuit passé, et là ils commencent à s'inquiéter. Inutile de l'appeler, elle ne les entend pas. Inutile aussi de **gesticuler**[18], comment voulez-vous qu'elle les voie ? Toute la nuit, ils **arpentent**[19] les bords du lac, **guettent**[20] un bruit, attendent un signe.

C'est le lendemain matin que les grues cendrées ont décidé de prendre leur envol, toutes ensemble. C'est le grand départ. L'air vibre de tous ces battements d'aile. C'est un spectacle extraordinaire. Elles sont environ 250.000 cette année ! Le soleil se lève sur le lac du Der.

Mais où est Mélanie ? A-t-elle pu assister à ce spectacle joyeux ? Personne ne le sait...

11 **squatter** - besetzen
12 **faire basculer** - verändern
13 **la Toussaint** - Allerheiligen
14 **éblouissant(e)** - faszinierend
15 **le don** - die Gabe
16 **se poser** - (hier:) landen
17 **ne pas en croire ses yeux** - seinen Augen nicht trauen
18 **gesticuler** - herumhampeln
19 **arpenter** - durchkämmen
20 **guetter** - lauern

40 LA MAISON DERRIÈRE LES JUMELLES

On ne voit qu'elle, la maison. Mais on ne peut pas vraiment l'approcher. On a perdu le souvenir de son accès. L'entrée du chemin qui y conduit s'est effacée. Le **sentier**[1], curieusement, ne figure sur aucune carte de la région.

Un homme regarde la maison à travers des **jumelles**. C'est un tableau parfait. Un bout du monde **encadré**[2]. Une maison, un banc, un arbre… Le tout sur un quai, au bout d'une **jetée**.

– J'ai l'impression que c'est elle qui me regarde à travers les jumelles. Elle me regarde, j'en suis sûr. Ses lumières viennent de s'allumer. Oui je l'entends maintenant, elle me parle.

Une semaine a passé. Le type avec ses jumelles est parti. Ce n'est pas trop tôt, il ne m'était pas spécialement sympathique je crois que je lui ai fait peur. Ce matin à cause du vent, j'ai perdu une **tuile**. *Et celui-là, qu'est-ce qu'il dit ? À qui il parle ? Encore un qui s'intéresse à moi :*

– Tu as vu cette maison ? Elle est bizarre, tu ne trouves pas ? Cela fait plusieurs jours que je l'observe. J'ai toujours cru qu'elle était abandonnée. Ce soir, elle est allumée, je me demande bien qui peut s'y trouver et comment il y est arrivé.

Aujourd'hui c'est un jour de **criée**. *Ce matin, ils sont remontés bien plus tôt que d'habitude. Un type s'est assis là, sur mon banc. Il a posé ses casiers tout mouillés contre moi et ses fesses ici contre la fenêtre. Il est resté planté là avec son* **ciré** *pour s'abriter sous ma* **gouttière**. *Un type* **sans gêne**[3]. *Il a* **craché**[4] *par terre plusieurs fois avant de repartir. Et en plus il n'est pas content :*

– Sale temps, pour pêcher... On n'a presque rien ramené. Il va falloir faire mieux demain, fichu métier !

1 **le sentier** – der Pfad
2 **encadré** – eingerahmt
3 **sans gêne** – unverschämt
4 **cracher** – spucken

l'hirondelle (f.)

Deux ***hirondelles*** *sont en train de faire un* ***nid*** *dans la chambre. La fenêtre au-dessus de la porte est cassée. Elles sont rentrées par là. Le parquet est* ***dégueulasse***[5] *depuis qu'elles viennent là. Mais moi je les aime bien. Elles vont me tenir compagnie un peu. J'aime qu'on vienne me voir. Ce n'est pas que je me sente abandonnée…*

Dimanche, soleil.

Le défilé des promeneurs. Je ne me suis pas ennuyée. Il y a vraiment des gens très différents qui passent là-devant. Ce qui me fait plaisir, c'est que tout le monde me regarde. Je ne sais pas ce qu'ils pensent de moi, mais au moins ils voient que je suis là. Ce matin, un enfant est tombé dans l'eau en faisant le malin. J'entends encore son père crier :

– Je t'avais prévenu, **imbécile**[6] ! Il faut toujours que tu **te fasses remarquer**[7].

Le vent a soufflé très fort cette nuit, j'ai cru que l'arbre était sur le point de me tomber dessus. Souvent il se penche tellement qu'il me ***griffe***[8] *aves ses branches. Mais là c'était pire. J'avais mal pour lui. Heureusement, ce matin le vent s'est calmé. Le type avec ses jumelles est revenu.*

Mardi matin.

Hier, il a plu toute la journée. Personne ne va la remettre, la tuile. Maintenant l'eau rentre par le ***grenier***[9]*. Un de ces jours, si ça continue, le plafond de la chambre va* ***s'effondrer***[10]*. Ils ont l'air de m'aimer, les gens. C'est drôle, ce qu'ils disent de moi :*

– Je l'adore, cette maison. Quand j'arrive à Saint-Valéry, la première chose que je fais, c'est d'aller la saluer. Elle a l'air sympathique, non ?

Je suis comme une gare, comme un phare. Toute seule dans le passage, tout au bord. Je marque la limite d'un autre monde. Comme un poste frontière. J'enregistre les **allées-venues**[11] *des gens. Je leur sers de repère. Peut-être qu'on m'a construite là pour garder la baie. Je suis la dernière maison, sur cette digue qui s'avance dans la baie. Les* **phoques** *ne s'y trompent pas : c'est à moi qu'ils viennent raconter leurs histoires. C'est devant ma porte qu'ils viennent discuter. Je leur indique les* **bancs de sable** *les mieux exposés.*

5 **dégueulasse** (ugs.) – sehr schmutzig
6 **l'imbécile** (m.) – der Dummkopf
7 **se faire remarquer** – auffallen
8 **griffer** – kratzen
9 **le grenier** – der Speicherboden
10 **s'effondrer** – zusammenfallen
11 **les allées-venues** (f.) – das Kommen und Gehen

Mercredi, début des vacances de Paris. Les couchers de soleil sont spectaculaires, la lumière est sublime ici, toute l'année. Il est unique, ce ciel. On vient de loin pour voir la Baie de Somme. Les Parisiens sont arrivés pour la semaine. Il y a un monde fou. Des voitures partout.

– Tu crois que c'est vrai, cette histoire de phoques ? Moi je n'en ai jamais vus. Tiens, tu as vu cette maison ? Elle est abandonnée à ton avis ? On essaie d'y aller ?
– Comment tu veux y aller ? À la nage ?

*Aujourd'hui, j'ai encore vu passer le type avec les jumelles, mais il ne m'a même pas regardée. Il avait l'air pressé. Il cherche quelque chose. Il m'***intrigue**[12] *maintenant. C'est moi qui l'observe, je note tous ses déplacements dans mon carnet. Il me rappelle quelqu'un qui a habité ici il y a très longtemps. C'était le* **cantonnier**[13] *qui s'était installé pour vivre ici, au début du siècle dernier. C'est lui qui a fabriqué le banc, il a mis des vieux pavés en dessous, c'est très chic. Si ça se trouve, c'est son arrière-petit-fils…*

Die **Baie de Somme** (Somme-Bucht) ist eigentlich keine Bucht, sondern eine riesige Flussmündung mit einer Fläche von über 7.000 Hektar. Hier mündet die **Somme** in den **Atlantik**. Fährt man westlich ins Landesinnere, befindet man sich in der **Picardie**.

Parfois je perds la mémoire. Je vois passer tellement de gens et j'entends tellement d'histoires... Je crois qu'on m'a laissée là pour **recueillir**[14] *la mémoire du lieu. Tout le monde vient me voir à Saint-Valéry et me raconte des bouts de sa vie. Ce type, il commence à m'être sympathique.*

La colonie de phoques s'est rapprochée pendant la nuit. On la voit **à l'œil nu**[15] *maintenant. Le gamin de l'autre jour* **ne** *va* **pas en croire ses yeux**[16] *! Et le type avec ses jumelles est toujours là, je crois qu'il vient les regarder. Il les* **traque**[17] *depuis des mois, il doit être content, lui aussi, de les voir de si près. C'est la première fois que j'entends le son de sa voix, il parle tout seul :*

– Il y en a qui sont beaucoup plus gros que les autres. Et leur **museau**[18] ressemble à celui d'un cheval. C'est la première fois que je les vois. Ils sont juste de passage... Ils ne vivent pas là toute l'année, à la différence de tous les autres.

Personne ne me regarde plus depuis ce matin. Je vais pouvoir leur ouvrir la porte et les laisser sortir, je crois que c'est le moment... Ils vont prendre l'air un peu et aller jouer avec les autres.

– Je t'assure, Papa, je viens de voir un pingouin sortir de la maison !
– Ne dis pas de bêtises, ce n'est pas possible.

12 **intriguer** – (hier:) interessieren
13 **le cantonnier** – der Straßenarbeiter
14 **recueillir** – empfangen
15 **à l'œil nu** – mit bloßem Auge
16 **ne pas en croire ses yeux** – seinen Augen nicht trauen
17 **traquer** – verfolgen
18 **le museau** – die Schnauze

BILDNACHWEIS

4.2 (Foto: Sandrine Castelot); **4.3** (Foto: Delphine Malik); **4.4** (Foto: Samuel Desvoix); Fotolia, New York: **7.1, 114** (R.Studio); **7.2, 138.2** (zaretskaya); **148, 149.1** (Gary); **82, 83** (fred34560); **84, 85.1** (Evgenia Smirnova); **76, 77** (Tiberius Gracchus); **18** (Yvann K); **48.2** (mattei); **55.2, 80, 113** (Brad Pict); **55.3** (Richard Villalon); **63** (matteo); **68.1, 69.1, 70.2** (stevanzz); **74.1** (andersphoto); **74.2** (Thomas Pajot); **75** (Maurice Metzger); **78** (remixon); **85.2** (David Mathieu); **89.2** (AMATHIEU); **89.3** (DeVIce); **92, 111.2** (Andrey Kuzmin); **98** (alain wacquier); **101.2** (kornienko); **103** (Vitalina Rybakova); **105.1** (bramgino); **110.2** (laufer); **110.3, 110.4** (smuki); **119** (Christian Hillebrand); **124.1, 125.1** (bloomua); **125.2** (Tatjana Rittner); **126.1** (Gresei); **131.1** (Neyriss); **131.2** (FlamiX); **134** (Thomas Barrat); **135** (sidharth); **139** (beermedia.de); **141.1** (cynoclub); **141.2** (ra2 studio); **142.1** (Pixel & Création); **142.2, 143.2** (pixarno); **145** (Simone Capozzi); **147** (Anatolii); **151** (Production Perig); Getty Images, München: **156.1** (Weimann); **162.2** (narcisa); **164.1** (Shana Novak); **167** (Dani Castro); **174.1** (J P De Manne / robertharding); **174.2** (arogant); **175, 226.2, 231.1** (GlobalP); **176.1** (wwing); **179.2** (Rrrainbow); **180.1** (inaquim); **182.1** (Leonid Andronov); **184.1** (Elenarts); **185.2, 238.1** (Rike_); **186** (ctbctb8); **192.1** (donald_gruener); **192.2** (nico_blue); **198.1, 199** (RossHelen); **200.1** (Thomas Demarczyk); **202.2** (hang); **202.3** (Image Source); **202.1, 202.1.1** (Esperanza33); **205** (Walter B. McKenzie); **208** (Tramper2); **209.1** (Lara_Uhryn); **209.2** (PeterHermesFurian); **215.1** (clubfoto); **218.3** (Rocky89); **220.2** (PaulGulea); **226.1** (kamnuan); **226.3** (TomekD76); **226.4, 227** (mrlargefoot); **228.1, 229.1.2** (nullplus); **228.2** (arlindo71); **230** (Andrew_Howe); **232.2** (mgkaya); **233.1** (Sompote SaeLee); **234** (Schad1953); **236** (AdShooter); **237.2** (ivan-96); **237.3** (JanakaMaharageDharmasena); **239** (gilles_oster); **243.2** (Xavier Arnau Serrat); **243.3** (Tom M Johnson); **244** (chuyu); iStockphoto, Calgary, Alberta: **14.1** (vintagerobot); **20.2** (Jacob Ammentorp Lund); **22** (jeangill); **27** (Sablin); **28.3** (JackF); **28.4** (Banet12); **28.2, 30.1** (cynoclub); **35** (akova); **38.2, 44.2** (Georgijevic); **38.1, 39.1.1** (buccino tiphaine); **38.3** (IlexImage); **44.1** (AntonioGuillem); **46.1** (Gwenvidig); **47** (petrenkod); **48.3** (Zerbor); **50** (joste_dj); **64** (Ivan Strba); **68.2** (ElementalImaging); **69.2** (PeopleImages); **72.2** (mauro grigollo); **91** (Givaga); **54, 55.1** (smartin69); **124.2** (laetitiaJulien); PONS Archiv, Stuttgart: **49.1** (Pierre Bona (images google)); Shutterstock, New York: **116, 117** (Watchtheworld); **172, 173.1** (monsieurchaincq); **36, 37** (img85h); **100, 101.1** (colores); **4.1, 5.1, 178.1, 179.1** (ricok); **5.2** (Volina); **6.1, 182.3** (Komkrit Noenpoempisut); **3, 161.1** (Carlos Gandiaga); **6.2, 19** (yamix); **8 ff.** (Picsfive); **8.1** (Jirsak); **8.2** (wacpan); **8.3** (Lefteris Papaulakis); **10.1, 11.1** (paul prescott); **10.2, 12** (walter_g); **11.2, 66.2** (S-F); **14.2, 16.1** (Elvalsla); **15** (Hanna Pylypenko); **16.2** (funkyfrogstock); **20.1** (Nevskii Dmitrii); **21, 25** (Pierre Jean Durieu); **23** (Jorg Hackemann); **24.1, 51** (margouillat photo); **24.2** (bikeriderlondon); **28.1** (Oleg Krugliak); **30.2** (monticello); **30.3** (Foodpictures); **30.4** (Petr Malyshev); **31** (Rudchenko Liliia); **32.1** (Scharfsinn); **32.2** (Hayati Kayhan); **33** (dimbar76); **37.1** (Piotr Wawrzyniuk); **37.2** (Andrei Nekrassov); **39.2** (Udompeter); **40.2, 41.2** (MAHATHIR MOHD YASIN); **40.1** (valeriiaarnaud); **41.1** (Mikadun); **45** (Nataliia Liubinetska); **46.2** (Kaspri); **48.1** (Jon Ingall); **240, 241** (Wendy Corniquet); **49.2** (leoks); **52** (canadastock); **56.1** (Francesco Rioda); **56.2** (Tupungato); **56.3** (GagliardiImages); **58** (tichr); **59** (Rrrainbow); **60.1** (cdrin); **60.2, 61** (Alexandre Rotenberg); **62.1** (Itinerant Lens); **62.2** (ventdusud); **65** (Anthony Maragou); **66.1** (AlenKadr); **67** (Henryk Sadura); **68.3** (vvoe); **70** (Vitaly Korovin); **72.1** (Hanoi Photography); **73** (ArtCookStudio); **81** (Marco Scisetti); **93** (Dutourdumonde Photography); **96** (Kuttelvaserova Stuchelova); **97** (VladislavGudovskiy); **104** (Peter Bernik); **105.2** (Danny Smythe); **106** (Konstantin Karchevskiy); **109** (Pecold); **110.1, 111,1** (CristinaMuraca); **111.3** (atref); **132** (Joe Belanger); **143.1** (Ana del Castillo); **144** (cindy xiao); **149.2** (Bruno Passigatti); **154** (Gtranquillity); **156.2** (Yellowj); **157** (JeniFoto); **158** (cynoclub); **159.2** (Oleksandr Lytvynenko); **166** (Murat Tegmen); **168.1** (Olena Rossokhan); **168.2** (Mihai Speteanu); **169, 170.2, 181.2** (Kiev.Victor); **170.1** (DAZON); **173.2** (Massimo Santi); **174.3** (Cyrsiam); **174.4, 176.3, 177.2** (Lilluka); **176.2** (ProstoSvet); **177.1, 213.2** (Everett Historical); **183** (Texturis); **184.2** (cs333); **185.1** (CIS); **188.1** (brackish_nz); **190** (Celiafoto); **191** (Summer Photographer); **193** (paultarasenko); **194** (Brent Hofacker); **196** (Michelangelus); **198.2** (nbnserge); **201.1** (file404); **201.2** (Ortis); **203.2** (Elena Pominova); **203.3** (TYSB); **204** (enricoRubicondo); **207** (Judal); **210.2** (Olga Popova); **211** (travelview); **212** (Mia Garrett); **213.1** (foto-select); **215.2, 218.2** (Valentin Valkov); **215.3** (KrasinVladimir); **219** (aquariagirl1970); **220.1** (Ivonne Wierink); **221.1** (RossHelen); **223** (MaxCab); **224.2** (Morphart Creation); **224.1, 225.1** (chaosheidi); **225.2** (tetxu); **225.3** (ProvenceNY); **232.1** (s74); **233.2** (tag2016); **237.1** (Tomasz Klejdysz); **238.3** (Photographee.eu); **242.1** (Vector FX); **242.2, 245** (Boulet arnaud); **243.1** (Piotr Wytrazek); **246** (angel217); Thinkstock, München: **88, 94** (Fuse); **89.1** (Glenda Powers); **118** (wastesoul); **123** Abendessen mit Wein (Thomas Jackson); **126.2** fallende Frau (erllre); **129** (OSTILL); **1, 152** (Pixel-68); **86, 87** (Ingram Publishing); **138.1** (Comstock); **130, 131.2** (hurricanehank); Wikimedia Commons, San Francisco: **160** (Von Ethan Doyle White); **162.1** (By No machine-readable author provided. Clio assumed (based on copyright claims). CC BY 2.5, https://commons.wikimedia.org/w/index.php?curid=2196381); **163.1** (By Josugoni - Own work, CC BY-SA 4.0, https://commons.wikimedia.org/w/index.php?curid=55210686); **165** (By Bmazerolles - Own work, CC BY-SA 4.0, https://commons.wikimedia.org/w/index.php?curid=45735848); **178.2** (By Kergourlay [CC BY-SA 4.0 (https://creativecommons.org/licenses/by-sa/4.0)], from Wikimedia Commons); **182.2** (By François GOGLINS [CC BY-SA 3.0 (https://creativecommons.org/licenses/by-sa/3.0)], from Wikimedia Commons); **188.2** (Harrieta171); **188.3, 189** (Tangopaso); **210.1** (By Philippe Gisselbrecht/ Ville de Metz - Own work, CC BY-SA 4.0, https://commons.wikimedia.org/w/index.php?curid=49646849); **216** (Par Jérémy-Günther-Heinz Jähnick / Lille - Braderie de Lille de 2012 (04) / Wikimedia Commons, CC BY-SA 3.0, https://commons.wikimedia.org/w/index.php?curid=21020819); **217** (By Jiel Beaumadier (http://jiel.b.free.fr) - Own work, CC BY-SA 3.0, https://commons.wikimedia.org/w/index.php?curid=12309593); **218.1** (By Romainberth [GFDL (http://www.gnu.org/copyleft/fdl.html) or CC BY-SA 3.0 (https://creativecommons.org/licenses/by-sa/3.0)], from Wikimedia Commons); **222** (By Bastien Sens-Méyé - Own work, CC BY-SA 4.0, https://commons.wikimedia.org/w/index.php?curid=37644506); **238.2** (https://commons.wikimedia.org/w/index.php?curid=178155)